庆祝中国共产党成立100周年系列

红色记忆

少年英雄传

王玉贵　主编

HONGSE JIYI

SHAONIAN YINGXIONG ZHUAN

苏州大学出版社
Soochow University Press

图书在版编目(CIP)数据

红色记忆. 少年英雄传 / 王玉贵主编. —苏州：苏州大学出版社,2021. 3
ISBN 978-7-5672-3495-6

Ⅰ.①红… Ⅱ.①王… Ⅲ.①革命传统教育-中国-青少年读物 Ⅳ. ①D642-49

中国版本图书馆 CIP 数据核字(2021)第 047281 号

红色记忆 少年英雄传

主　　编：王玉贵
责任编辑：刘一霖
装帧设计：刘　俊

出版发行：苏州大学出版社(Soochow University Press)
社　　址：苏州市十梓街 1 号　邮编：215006
印　　刷：苏州市越洋印刷有限公司
邮购热线：0512-67480030
销售热线：0512-67481020

开　　本：700 mm×1 000 mm　1/16　印张：14　字数：230 千
版　　次：2021 年 3 月第 1 版
印　　次：2021 年 3 月第 1 次印刷
书　　号：ISBN 978-7-5672-3495-6
定　　价：29. 00 元

若有印装错误,本社负责调换
苏州大学出版社营销部　电话：0512 - 67481020
苏州大学出版社网址　http://www.sudapress.com
苏州大学出版社邮箱　sdcbs@suda.edu.cn

CONTENTS

目录

1. 罗志群、邓金娣

中国首代红领巾，智勇超群意志坚

罗志群，女，1908年出身于广东番禺的一个海员工人家庭。

邓金娣，女，1909年出身于广东高要的一个水上居民家庭。

1925年冬，罗志群、邓金娣都加入了省港罢工委员会下属的劳动儿童团。1925年年底，两人一同加入了中国共青团。由于工作出色，罗志群、邓金娣和另外两名女青年在当时被合称为“四大天王”。在1927年4月的白色恐怖中，两人与党组织失去了联系，后在散发传单时不幸被反动派抓捕，在狱中宁死不屈，于4月23日一同高呼着“中国共产党万岁”的口号英勇就义。

罗志群，1908年出身于广东番禺的一个普通海员工人家庭。大哥罗福是一个海员，在1925年6月著名的省港大罢工中加入了中国共产党，同时也是海员工会办事处的职员兼工人代表，后被组织派去帮助开展农民革命运动。二哥罗基是一名共青团员，是海员工会宣传队宣传养成所的第一届毕业生。妹妹罗细妹于1926年加入中国共青团。罗志群生活在一个革命氛围非常浓厚的家庭之中，渐渐懂得了中国要想取得民族独立，劳动人民要想当家做主，就必须打倒列强、除军阀的道理。

邓金娣，1909年出身于广东高要的一个普通水上居民家庭。邓金娣的父母去世得早，留下她和祖母、弟弟相依为命。一家人除了依靠在艇上干活的叔叔伯伯们的帮助之外，主要依靠她自己在码头帮人缝补麻袋赚取的一点微薄的工资来维持生计，生活得非常艰苦。别人都叫她

"麻包女"。

后来，罗志群和邓金娣在共同的战斗和学习生活中结下了深厚的革命友谊。

1925 年，她们进入了工人子弟学校读书。在这年的省港大罢工中，她们俩都加入了省港罢工委员会领导的劳动童子团。担任共青团广东区委书记的杨善集还为这个劳动童子团写了团歌——《巴拉半之歌》（巴拉半是俄语中"鼓"的意思）：

> 围着红领巾，
> 敲着巴拉半，
> 一！二！三！
> 敲响些，巴拉半！
> 一！二！三！
> 敲响些，巴拉半！
> 莫斯科童子军的铜鼓声，
> 莫斯科童子军的歌唱声，
> 吹过了海参崴，
> 吹到了广州城。
> 他们名叫童子军，
> 我们名叫童子团，大家都是新世界的主人。
> 他们唱：
> 我们预备好了，
> 我们永远预备好了。
> 我们是劳农的婴儿，
> 我们是将来的花，
> 我们是新世界的主人！
> …………

劳动童子团的孩子们除了在学校里认真读书之外，还抽空给工人家属读报纸、讲革命故事，在食堂帮助打扫卫生，到街上组织募捐，支援罢工工人，到车船上去宣传共产党创办的革命报刊等。工人委员会还给他们制作了制服。孩子们在示威游行的时候穿着白衬衫、蓝短裤，雄赳赳、气昂昂地走在整齐的队伍里。他们的衬衣上还有“准备”两个夺目的红字，他们是党领导的光荣的第一代红领巾！

1925 年年底，罗志群和邓金娣加入了中国共青团，光荣地成为中国共产党领导下的共青团员。

1926 年 7 月，共产党和国民党合作北伐。罗志群和邓金娣又投入了宣传和示威游行的活动中，以各种形式的宣传方式到工人宿舍、码头、街道上向群众宣传“打倒列强除军阀”和“北伐必胜”的道理，起到了鼓舞人心的作用，为支援北伐做出了力所能及的贡献。

天有不测风云。罗志群的大哥罗福因为到农村进行宣传工作，被当地的反动地主武装杀害了。罗志群听到这个消息后心如刀绞，和邓金娣抱头痛哭。但这并没有削弱她的革命斗志，她反而更加相信革命。她发誓要像哥哥一样为革命奋斗到最后一刻！她说：“我一定会像哥哥那样跟共产党走到底。革命一定会胜利的！”

邓金娣的祖母看到自己的孙女常出去宣传，害怕孙女遭到迫害，于是叫邓金娣的弟弟去劝她回来。可是邓金娣对弟弟说：“我出来是为了革命，是为了不像以前一样给人家做奴隶！我绝对不会回去的！”邓金娣用革命的道理说服了弟弟，家里人也不再阻挠她革命了。

海员工人联合会的劳动童子团成立之后，其他工会和农会的劳动童子团也纷纷成立。各个童子团的团员团结起来，严格要求自己，积极参加各种活动。罗志群、邓金娣和另外两名女青年周秀珠、陈淑英因为工作积极出色，当时被誉为“四大天王”，成为劳动童子团的小领袖。

1926 年 9 月 29 日对于孩子们来说是一个特别难忘的日子。这天，太平戏院里举行了广东劳动童子团联合会的成立大会。这是各劳动童子团联合起来组成的联合会，省港大罢工的领导人苏兆征同志还亲自主持了这次典礼。几个童子团的团员举着一块红纸包着的木牌来到了台上，揭开红纸，上面是“劳动童子团联合会”几个金光闪闪的大字！顿时戏院里爆发出雷鸣般的掌声，经久不息。

此后，省港罢工委员会为了更好地培养和训练劳动童子团的小领袖，举办了一个领袖班，专门培养那些有潜力的小领袖。罗志群和邓金娣进入了领袖班学习。她们俩认真学习政治知识和军事技术，参加操练，学习摸营、守营、救助伤员、射击、捉奸细等。一个月的学习和集体操练进一步增强了她们的工作能力和革命热情。

1926 年 10 月，省港罢工委员会根据形势转变了策略，进而实行结束罢工的新政策。罗志群、邓金娣两人根据组织的指示，挨家挨户地宣传党的指示，不厌其烦地解释，做好了稳定群众的工作。

罗志群和邓金娣一起做了许多工作，为革命做出了许多贡献。可是陡然间风云突变！1927 年 4 月 12 日，以蒋介石为首的国民党右派叛变革命，发动了“四一二”反革命政变，大肆搜捕、屠杀和迫害共产党员、共青团员和进步群众。广州城顿时笼罩在一片白色恐怖的阴影之下，形势非常严峻，很多同志都牺牲了。

中共广东区委召开紧急会议，制定了反抗反动势力大屠杀的政策，决定让组织的活动转入地下进行。于是罗志群、邓金娣与其他许多共青团员和共产党员一样，跟组织失去了联系。她们每天都在街上寻找着熟悉的同志。一天，她们在街上碰到了之前的书记邓蓉。邓金娣刚想上前打招呼，邓蓉把头一扭，装作不认识的样子。邓金娣正感到纳闷，罗志群急忙拦住她说：“我看到邓书记的脖子上流血了，前后肯定有暗探在跟着。他是在保护我们啊！”邓金娣难过地流泪了，说：“同志们为了我们不惜牺牲自己的生命，难道我们就该贪生怕死吗？”

在艰难的环境中，罗志群、邓金娣还坚持进行宣传工作。她们装作学生的模样，提着竹篮，到街上秘密地散发传单，宣传党的革命思想。尽管两人的行动都很隐秘，但是有一天她们在广州市中心散发传单的时候还是不幸被敌人发现了。

敌人为了逼罗志群和邓金娣说出党的秘密，并没有因为她们是两个女孩子就手软。他们用尽了酷刑，还想出各种惨无人道的方法来折磨二人。她们被折磨得全身鲜血淋漓，不成人样，可是两个坚强的女孩并没有屈服，仍守口如瓶。

反动派从罗志群和邓金娣的口中问不出任何党的秘密，于是决定对她们下毒手。1927 年 4 月 23 日，国民党广州戒严司令钱大钧以“散发传单、蛊惑民众、谋危政府”的罪名下令判处罗志群、邓金娣两人死刑，并立即执行枪决。

在被押赴刑场的路上，罗志群和邓金娣始终没有忘记自己的使命。她们俩在囚车上昂首挺胸，把撕下的红毯一角拿在手中当作红旗，口中高呼：“打倒帝国主义！打倒国民党反动派！中国共产党万岁！”

到达刑场之后，敌人的枪口瞄准了她们，可是罗志群和邓金娣依然面不改色，高呼“中国共产党万岁”。

枪声响了，英勇的罗志群和邓金娣倒在了血泊之中，为革命、为中华民族献出了自己年轻的生命。当时，罗志群仅 19 岁，邓金娣仅 18 岁。

中华人民共和国成立以后，罗志群和邓金娣被共青团中央授予了“全国十大少年英雄”的称号。两位英雄已经远去，可是她们的事迹将永被传唱，她们的精神将永垂不朽！我们永远都不应该忘记为了中华民族抛头颅、洒热血的英雄们！

参考文献

1. 共青团中央少先队工作委员会，四川少年儿童出版社. 中国现代少年英雄传：罗志群、邓金娣［M］. 成都：四川少年儿童出版社，1985.
2. 傅忠道，杨坚康. 共青团基础知识 1000 问［M］. 北京：中国青年出版社，2001.

2. 王向忠

年少求学追马列，舍生忘死为革命

王向忠，别名王赫，四川高县人。1926 年考入成都大学，同年加入中国共产主义青年团，并担任《野火》半月刊编辑，常以“王赫”为笔名发表文章，宣传中国共产党的主张。1927 年被选为四川省学联第四届执委宣传部部长，经成都市委批准，加入中国共产党。蒋介石叛变后，白色恐怖笼罩成都。5 月，王向忠被选为中共成都大学特支宣教委员、成都市委学委委员。他在成都大学建立校工会，办平民夜校，在工人中秘密宣传革命，发展党员。中共“八七”会议后，王向忠又在《野火》上载文宣传土地革命、建立苏维埃政权等内容，印发标语、传单，广造舆论，扩大影响。此时，王向忠的行动已引起国民党成都当局的注意。1928 年 2 月 16 日凌晨，王向忠被国民党军警逮捕，后被杀害，时年19 岁。

王向忠，别名王赫，1909 年出生于四川省高县。

1925 年上海爆发了五卅惨案，重庆、成都、泸州、宜宾等地相继成立了五卅惨案外交后援会，掀起了大规模的反帝爱国运动。王向忠在革命前辈的影响和群众斗争的锻炼下，逐步树立了崇高的革命志向。

1926 年，王向忠考入成都大学。此时，国民革命军已从广州正式誓师北伐，9 月攻克汉口，10 月进占武昌。在捷报声中，国内各派政治势力的斗争更加尖锐、复杂。成都大学就有三派学生组织，即共产党领导的社会科学研究社，国家主义派成立的惕社和国民党右派组织的健行社。其中，社会科学研究社是在 1925 年五卅运动中建立起来的，开始只有二十几个人，但战斗力最强，当年秋季便一举击败了当时在学生中颇有影响的惕社，夺得了成都大学学生会的领导权，并在一系列斗争中扩大了政治影响。健行社与惕社互相勾结，同社会科学研究社对垒，形成反革命与革命两派政治势力的激烈斗争。

王向忠经同学介绍，加入了社会科学研究社。他积极参加社内每周一次的政治理论和时事学习，认真研读革命著作，还加入了共产主义青年团。

有了坚定的信仰和革命理论的武装，王向忠在对敌斗争中尽展才华。他担任了半月刊《野火》的编辑，经常以“王赫”为笔名发表文章，同惕社、健行社反动集团做针锋相对的斗争。他的文章笔锋犀利，切中要害，驳斥反动谬论，宣传马列主义的革命理论。

1927 年 1 月，四川省学联第四届代表大会在四川法政专门学校召开，王向忠当选为四川省学联第四届执委会宣传部部长。接着四川省学联和工会联合发起成都社会各界庆祝北伐出师胜利大会，会后举行游行和街头宣传、讲演。大会当天，王向忠发动社会科学研究社成员和全体党团员共同行动，天不亮就上街遍贴革命标语。惕社和健行社的成员看到这些标语后，气急败坏，竟无耻地将这些标语覆盖，贴上他们的标语。王向忠挺身而出，同他们进行了激烈的斗争，驳得对方理屈词穷，一个个狼狈溜走。

1927 年 4 月 12 日，蒋介石在上海发动了“四一二”反革命政变，疯狂屠杀共产党员。就在此时，王向忠加入了中国共产党，他并没有因革命低潮而受挫，仍以高昂的斗志进行斗争。

4 月 29 日，向育仁宣布成立国民党四川党务登记委员会，易光谦被任命为成都登记委员。6 月，易光谦以党务登记员的名义，告发了王向忠等六名共产党员，请教育厅转函三军联合办事处逮捕法办。7 月，三军联合办事处的便衣特务非法逮捕了成都大学党支部书记李正恩。王向忠对此怒不可遏，同王道文合写了一篇战斗檄文，在墙报和《野火》上发表。

这篇战斗檄文迅速在各大院校传播，众口称快。易光谦一伙见了这篇檄文，犹如芒刺在身，寝食不安。在中共党组织的正确领导下，成都的学生运动并未在反动当局的高压下停止，一些革命团体甚至得到了巩固和发展。中共成都市委决定将成都大学党支部建为特支。王向忠任特支宣教委员，后兼任中共成都市委学委委员。他以社会科学研究社的名义，在成都大学建立校工会，开办平民夜校，深入工人群众中去进行宣传组织工作，进一步发展了革命力量。中共“八七”会议后，他立即组织力量，把武装暴动、土地革命和建立苏维埃政权等内容编写成文章，在《野火》上发表，广造舆论，扩大影响。

1927 年冬至 1928 年春，在全国处于革命低潮时，成都仍爆发了大规模群众性争取教育经费的独立运动和反劣币斗争。王向忠始终站在斗争的前列，在宣传、发动和组织群众斗争方面做了大量的工作。他带领同学们组成宣传队，走上街头，张贴标语，散发传单，发表演讲，揭发军阀挪用教育经费进行反革命活动的罪行。

为了扑灭成都日益高涨的学潮，反动当局采取了撤换一些学校校长的方法，借以控制和瓦解学生运动。这引发了四川省立一中等学校反对新任校长的斗争。1928 年 2 月 14 日，省立一中的进步青年团体石犀社的程进恩等百余名学生质问校长杨廷铨“为何武装劫校，殴辱学生”，并一致要求杨廷铨撤销开除学生的决定，但杨廷铨态度蛮横，拒不收回成命，甚至辱骂学生。一时，群情激愤。只听有人喊“打倒杨廷铨”，大家一拥而上，混乱中失手将杨廷铨打死。

第二天，向育仁亲自到省立一中察看现场，诬称“杨廷铨案”系该校石犀社纠结成都大学社会科学研究社等社团的共产主义分子袁诗尧、王向忠等所为。于是，一场蓄意已久的反革命大逮捕开始了。

2 月 16 日凌晨，向育仁调动一个团的兵力，包围了城区的各个学校，按各校反动分子密告名单实行大搜捕，将王向忠、李正恩等 30 多名学生逮捕入狱。当天下午 4 时许，在既没有审讯，也没有任何证据的情况下，王向忠等 14 名青年学生被反动派集体枪杀。

年仅 19 岁的共产党员王向忠英勇牺牲了。中华人民共和国成立后，成都人民为王向忠等烈士修建了一座巍峨的纪念碑，以此表达对他们无尽的怀念。

参考文献

1. 中华人民共和国民政部. 中华著名烈士：第四卷［M］. 北京：中央文献出版社，2000.
2. 中国人民政治协商会议四川省委员会文史资料研究委员会. 四川文史资料选辑：第二十六辑［M］. 成都：四川人民出版社，1982.

3. 李洁、李广

石上清泉流万代，湾前乔木秀千年

李洁，1912 年出生，家名李淑媛。

李广，1914 年出生，家名李淑莲。

李洁、李广姐妹俩小小年纪便积极投身到革命的浪潮中，先后加入了中国共产主义青年团。在担任衡山县地下交通员期间，姐妹俩机警巧妙地与敌人周旋，配合密切，机智勇敢，为组织立下了不少功劳，被同志们亲切地称为“红色小交通”。1928 年双双牺牲时，姐姐李洁仅 16 岁，妹妹李广仅 14 岁。

李洁、李广这对姐妹生于湖南省衡山县。父亲在衡山县开了一家银器店，家里的生活水平还不错。

1920 年，李洁、李广进入衡山县立女子高等小学校学习。在那里，她们受到了新思想、新文化的启蒙教育。

1925 年，她们所在的石湾镇秘密办起了农民协会，姐妹俩的叔叔李芳桂是农民协会的委员长。姐妹俩在假期回到老家时，常常听叔叔谈起革命的事情，懂得了农民只有团结起来，在中国共产党的领导之下打倒了地主，才能翻身做主人、过上好日子。

此时正是中国由旧民主主义革命向新民主主义革命转变的时期，而湖南是各种民主、进步和革命思潮广泛传播的地方。姐妹俩受到了革命思想的熏陶，幼小的心灵里播下了革命和希望的种子。

1926 年 7 月，北伐的军队打到湖南，革命形势呈现一片大好的局面。农民协会公开活动，村里还成立了儿童团。李洁、李广积极投身到革命的浪潮中，加入了儿童团。姐姐李洁被推举为儿童团团长，妹妹李广则为副团长。利用学校休息时间，姐妹俩积极带领儿童团站岗放哨、游行示威，在反对土豪劣绅和促进农民运动的过程中发挥了重要作用。姐妹俩也在亲身参与革命的实践中不断成长起来，革命思想更加坚定，并先后加入了中国共产主义青年团。

1927 年春，因考察湖南衡山的农民运动，毛泽东来到衡山。姐妹俩在哥哥李果的带领下，见到了毛泽东。毛泽东看到她们后，亲切地拍拍她们的肩膀说："你们是好样的。希望儿童团今后在你们的带领下能为革命发挥更大的作用！"在毛泽东的鼓励下，姐妹俩非常激动和开心，革命的热情也更加高涨。

1927 年 4 月，由于以蒋介石为首的反革命分子叛变革命，北伐战争遭遇极大的挫折。5 月 21 日，汪精卫发动马日事变，叫嚣着要把共产党员和革命群众一网打尽，湖南的反革命分子活动也更加猖獗。李洁、李广所在的学校不得不停课，湖南的地下党也撤到了安全的地方。由于李洁、李广年纪小，不容易被反革命分子怀疑，因此党组织安排她们留下，以便为革命做力所能及的事情。

姐妹俩非常机智、勇敢。有一次，她们手拉手走在小巷子里，发现反动军警在追赶一个党组织的同志。为了帮助这名同志逃离追捕，妹妹对姐姐使了个眼色说："我们往相反的方向跑！"姐姐心领神会。

不一会儿，反动军警追到了姐妹俩，发现是两个小孩，于是气急败坏地问："你们跑什么跑？"

妹妹拿出一枚银圆机智地回答："是刚才那个人给我们的，叫我们往这边跑。"

反动军警凶神恶煞地问："他往哪边跑了？"妹妹随便指了个方向。反动军警凶狠地把姐妹俩推倒在地，转身继续去追了。姐妹俩看到敌人上了当，开心地相视一笑。

国民党反动派占领衡山县以后，姐妹俩听到消息说在农民协会担任委员长的叔叔被反动派抓了，各地的革命者都被押往县城，反动派天天在县南的马王庙坪刑场杀人。姐妹俩虽然非常难过，但是她们被革命者们宁死不屈的精神激励了。她们认识到：革命是要面临流血牺牲的；只有不惧怕流血牺牲，革命才有成功的希望！

在反革命分子制造的白色恐怖下，湖南省衡山县的地下党组织遭到了破坏。地下党的秘密工作不能正常地进行，因此党组织有必要建立一个新的地下交通站，以便继续顺利地开展斗争。为了建立地下交通站，党组织必须选择具有机智、勇敢、忠诚等优秀品质的同志作为地下交通员。党组织思来想去，想到了李洁、李广。因为姐妹俩出身于革命家庭，从小深受革命进步思想的熏陶，灵活机智，年纪小不容易被注意，再加上姐妹俩领导的儿童团为革命做出了不少贡献，给组织留下了深刻的印象。

这天晚上，姐妹俩在家里看书，门外忽然响起了“咚咚咚”的敲门声。姐妹俩想，这么晚了，会是谁呢？她们打开门，原来是衡山县的党委书记向钧。向书记向姐妹俩传达了党组织的决定，最后还慎重地叮嘱姐妹俩：“任何时候都不能透露党组织的任何事情。你们的口关系到我们许多同志的生命安危啊，这一点一定要切记！”姐妹俩激动地点头，她们坚定地说道：“我们一定不会辜负党组织对我们的期望！”

从此，姐妹俩成为衡山县地下党组织的秘密交通员，父亲所在的银器店则成为秘密交通站。姐妹俩代号为“李清明”。

姐妹俩为了掩饰身份，有时会装扮成一个大小姐和一个小丫鬟的样子。人们看到的是一个穿着漂亮整齐的大小姐和一个赤着脚、手提重物的小丫头走在一起，反动派便很难怀疑她们。

有的时候，为了携带信件并通过敌人的关卡，她们中的一个便在腿上绑上绷带，再滴上几滴鸭血，假装腿脚受伤，同时把重要的信件藏在绷带里。这样就能顺利地通过敌人的检查。

还有一次，为了掩护两位同志过江，妹妹化装成重病患者，躺在担架上。这两位同志负责抬担架，姐姐则在旁照顾妹妹。通过关卡的时候，敌人要检查，但看到担架上躺着的病人嘴唇发黑、面色无光、病情非常严重的样子，就草草了事，放过了她们。就这样，她们掩护党组织的同志顺利地过了江。

在担任地下交通员时期，姐妹俩巧妙地与敌人周旋，配合密切，机智勇敢，为组织立下了不少功劳，被同志们亲切地称为“红色小交通”。

可是不幸的事情发生了。党组织的一个名叫林英的成员被敌人抓住，因忍受不了严刑拷打，最终叛变，向敌人透露了许多党组织的情况，其中就提到了李洁、李广姐妹俩。敌人知道了李洁、李广是衡山县的地下交通员，但是不知道她们长什么样子、住在什么地方。为了抓住她们，敌人开展了严密的盘查。在一次姐妹俩与党组织人员接头的时候，敌人连信带人抓住了她们。

被捕后的姐妹俩被押送到衡山县的团防局，但是她们死也不承认自己是地下交通员。于是团防局局长康庆万叫来了林英与她们对质。

林英指认了她们：“她们就是李洁、李广！”

康庆万对她们说：“这下该承认了吧！”

姐妹俩勇敢地说：“我们就是李洁、李广。你们有本事就杀了我们！”

康庆万说：“想死，可没那么容易。乖乖地交代你们知道的地下党员的名单和住处，我就放了你们。”

姐妹俩严词拒绝道：“我们什么都不知道。要杀要剐随便你！”

于是，残忍的敌人开始了对姐妹俩的严刑拷打，但一无所获。

用过了硬招，敌人又用软招。他们让李洁的老同学、已经叛变了的向云贞来进行劝降。姐妹俩鄙夷地向她“呸呸”吐了两口唾沫。在姐妹俩的坚贞不屈面前，向云贞羞愧地离开了。

敌人又对她们说，谁承认自己是地下交通员就放另一个回去。姐妹俩为了救对方都抢着承认自己是地下交通员。可是后来，她们意识到这是敌人在进行劝降，于是又紧紧地靠在一起，什么都不说。

敌人看姐妹俩软硬不吃，于是穷凶极恶地对姐妹俩进行了更长时间惨无人道的严刑拷打。被施行了 70 多天的刑罚后，姐妹俩的全身几乎没有完整的皮肤。

姐姐李洁始终只有一句话："你们什么也别想问出来。"妹妹则大骂："你们绝没有好下场！"

敌人看姐妹俩已经完全没有了利用价值，于是打算对姐妹俩下毒手。

这天早上，姐妹俩的母亲来牢房看她们，可是母亲几乎认不出她们的样子了。她们被打得不成人形，全身肌肤溃烂，散发出阵阵恶臭。母亲伤心地哭了。可是姐妹俩坚强地说："为了革命而死，值得！我们死了，会有更多的人为我们报仇。革命一定会成功！"

姐妹俩相互扶持着走向刑场。正值隆冬，姐妹俩坚强的身影宛如傲雪而立的寒梅。

1928 年牺牲时，姐姐李洁仅 16 岁，妹妹李广仅 14 岁。

让我们永远地记住这对为人民翻身、民族解放、共和国建立献身的英雄姐妹花！她们的精神将永远铭刻在历史的长卷中。

参考文献

1. 湖南省妇女联合会. 湖南妇女英烈志［M］. 长沙：湖南人民出版社，1982.
2. 衡山县县志编纂委员会. 衡山县志［M］. 长沙：岳麓书社，1994.

4. 张锦辉

人生难得几回战，丹心铁血书春秋

张锦辉，是土地革命时期的红色小歌手，被群众誉为“红色小歌仙”，1915年出身于福建省永定县金砂乡一个贫苦农民家庭，从小就爱唱歌，经常跟随宣传队宣传革命主张。1930年年初加入中国共青团。该年5月上旬，她因反革命分子告密被抓，牺牲时年仅15岁。中华人民共和国成立后，共青团中央把她列为中国现代十大少年英雄之一。

张锦辉出身于永定县金砂西湖寨一个贫苦农民家庭，在家排行老八，幼名张八嬷。由于家境贫寒，在重租盘剥和当地土豪劣绅的敲诈勒索下，张锦辉全家过着穷苦的生活。张锦辉四五岁时就喜欢唱山歌，在田间地头经常跟叔叔、婶婶们学唱山歌。自从新思想传到金砂后，她在中国共产党地方组织的启发和指引下，开始唱起革命山歌。张锦辉聪明伶俐，嗓子清脆，歌声非常好听，有时在田里干活，就唱起歌来：

住在山中怕豺狗，
住在乡里怕土豪，
山中还可避豺狗，
乡里无计避土豪。
…………

在苦难的日子里，张锦辉清脆的歌声犹如一缕春风，唱出了贫苦百姓的心声，也给他们消解了不少烦恼和忧愁。

此外，张锦辉还经常以山歌为武器与土豪劣绅开展斗争。村里的土豪恶霸无恶不作，经常带着帮手来百姓家里收租、抢粮食。百姓们都被逼得无处躲藏，心里恨透了他们，都在背地里叫他们“花娘贼”。张锦辉恨透了这些欺负老百姓的土豪恶霸，便和村里的女伴们编起山歌来骂他们，上山拾草的时候就唱。她们的歌声久久地回荡在山坡上，乡亲们听得都非常高兴。但土豪恶霸听到后非常生气。有一次，他们听到张锦辉在唱骂他们的山歌，就把张锦辉抓到面前，威胁她说要把她抓到县域治罪，不许她再唱。张锦辉倔强地唱道：“爱唱歌就唱歌，偏唱山歌气土豪。”

1926 年，为了更好地开展革命宣传活动，中国共产党在金砂办起了平民夜校。在地下党员的鼓励下，11 岁的张锦辉背起书包上了夜校。她学习非常认真，学到了许多革命道理，还学会了许多革命山歌。老师经常让她领头带同学们一起唱，还告诉她：“我们学唱革命山歌，唱给群众听，也是革命的一种方式。”在老师的启发下，张锦辉懂得了革命山歌就像革命的号角，要用歌声鼓舞千千万万的穷人起来革命。

1928 年，金砂举行武装暴动并取得了胜利，建立了工农政权。党领导老百姓开展了打土豪、分田地的革命运动。13 岁的张锦辉光荣地加入了共产主义儿童团。张锦辉报名参加了溪南区苏维埃政府领导的宣传队，成了一名小宣传员。每当召开群众大会时，她都要唱上几首革命山歌，被群众亲昵地誉为“红色小歌仙”。除了用嘹亮动听的歌声宣传革命外，她还积极地为红军站岗放哨、盘查路人。

有一次，溪南区苏维埃政府召开红军扩大会议。张锦辉赶到会场，亮开嗓子唱起了《十劝哥》：

一劝哥，莫念家，
哥当红军妹当家，
穿起军衣拿起枪，
放下锄头和犁耙。

二劝哥，莫念家，
家中一切休管它，
一心一意参军去，
消灭土匪好大家。
…………

大家听了她的歌，连连点头。革命的道理就像火一样照亮了大伙的心。许多人当场就报名参加了红军。

张锦辉不仅用歌声鼓舞人们参加革命，还从身边的点点滴滴做起，支援前线的战士们。到了晚上，她也不停下来，挑着夜灯为战士们缝补衣服、做军鞋。

1930 年年初，张锦辉跟随宣传队来到西洋坪村开展工作。村里的人听说“红色小歌仙”来了，都争先恐后地赶来，想目睹一下她的风采，就连平时不出门的老奶奶、老爷爷也拄着拐杖来听她唱歌。张锦辉看着热情的乡亲们，清清嗓子，便唱起了《救穷歌》。

大家听得非常投入，都夸张锦辉唱得好。唱完以后，很多小姑娘都围到张锦辉身旁，嚷着要跟她学唱歌。她的歌声不仅给苦难的老百姓带来了快乐，也给他们带来了希望。

宣传队本来做完宣传工作后就要离开西洋坪村，但由于当地群众极力挽留，当晚张锦辉和乡苏维埃政府主席便留了下来。正好乡苏维埃政府主席的母亲家也在这个村里，张锦辉就和主席来到了他的母亲家。亲人相见，自然有说不完的话。正当大家聊得开心的时候，突然听到村子里一阵响动，不远处传来狗叫声。原来是村里暗藏的反革命分子把张锦辉等人的行踪告诉了敌人。当天夜里，峰市反动民团袭击了西洋坪村，逮捕了张锦辉和乡苏维埃政府主席。

第二天，敌人将他们押到峰市。敌军头子亲自审问，并在张锦辉面前摆好了各种刑具，对她说：“你年纪小，又是个小丫头，受不了皮肉之苦。只要你把红军和赤卫队的活动情况告诉我们，我就马上赏你二十块大洋，还放你回家。”

张锦辉怒斥敌人："谁稀罕你们的东西。你们搜刮老百姓，早晚要遭报应！"说着，张锦辉朝敌军头子吐了一口唾沫，骂道："你一双狗眼不识人。这些刑具只能吓唬软骨头！"

敌军头子气得大骂："小东西，难道你不怕死？"

"怕死？怕死就不闹革命了。就是上刀山入火海，我也决不皱眉头。"张锦辉冷笑道。

敌军头子看张锦辉软的不吃就来硬的，一连严刑拷打了她三天。在这三天里，敌人用尽了各种刑具。张锦辉吃尽了苦头，身上几乎没有一处完整的皮肤，但她还是和其他被捕的同志一样，坚强如钢，视死如归，没有向敌人透露半点党的机密。

看到这几天的审问毫无收获，敌军头子动起了歪脑筋，还是想从张锦辉这儿打开口子。于是，他假装慈悲地对张锦辉说："锦辉呀，你还是一个女孩子，不要执迷不悟啊。你年纪还小，以后的路还长着呢，只要你从现在开始悔过自新，我们就放你走。"

"呸！你少用花言巧语来哄我。"张锦辉皱着眉头对他说。

"我这是为你好呀。你还小，不要受共产党的蛊惑，现在回头还来得及。"敌军头子假惺惺地说。

"算了吧！恩人和敌人，我自己分得清楚。就是把我杀了，我也不会说出共产党的秘密。"张锦辉义正词严地说。

气急败坏的敌人无计可施，决定对张锦辉他们下毒手。

1930年5月16日，峰市街上人来人往。突然，嘹亮的《国际歌》传来："起来，饥寒交迫的奴隶……"在敌军的呵斥声中，人们纷纷躲开。只见张锦辉等人被敌人五花大绑地押过来，边走边唱。街道两旁的人们见此情景，无不落泪。

张锦辉看到乡亲们，便用更大的力气唱道：

唔怕死来唔怕杀，
天大事情妹敢当；
一心革命为穷人，

阿妹敢去上刀山。
穷苦工农并士兵，
希望大家要齐心；
打倒军阀国民党，
何愁天下唔太平。

嘹亮的歌声直冲云霄，响彻大地。张锦辉知道，最后的时刻就要到来。她要用自己的歌声来控诉这个万恶的旧社会，来表达对战友的鼓励和对乡亲们的依依不舍。

听到"红色小歌仙"的歌声，围观的群众越来越多。张锦辉唱了一首又一首。她的歌声深深地打动了乡亲们的心。许多人听得泪如雨下。

走上刑台，张锦辉望了旁边的刽子手一眼，然后昂首挺胸，用尽全身力气高呼："中国共产党万岁!"

罪恶的刽子手举起了枪，扣动了扳机。年仅 15 岁的张锦辉从容就义，倒在了刑场上，但她的歌声永远飘荡在人们心中，永远在中华大地上传扬。中华人民共和国成立后，共青团中央把张锦辉列为中国现代十大少年英雄之一。

参考文献

1. 吴翕斌. 红色小歌仙［M］. 福州：福建人民出版社，1979.
2. 永定县地方志编纂委员会. 永定县志［M］. 北京：中国科学技术出版社，1994.
3. 苏俊才，吴升辉. 机智红小鬼［M］. 福州：福建少年儿童出版社，2006.

5. 欧阳立安

龙华千古仰高风，壮士身亡志未穷

欧阳立安，1914 年 3 月出生于湖南省长沙市，1930 年加入中国共产党，后被任命为共青团江苏省委委员和上海总工会青工部部长。1931 年 1 月 17 日，欧阳立安在参加中共的一次会议后被反动军警逮捕入狱，后于同年 2 月 7 日英勇就义，时年 17 岁。

欧阳立安，1914 年 3 月出生于湖南省长沙市。他的父亲欧阳梅生是一名共产党员，曾在湖南省总工会担任秘书长等职。母亲陶承是一位革命者，长期从事地下党的工作。欧阳立安从小就深受革命思想的熏陶，他和妹妹欧阳东纹先后投身于革命的炮火之中，全家都为革命做出了不朽的贡献。

1920 年，6 岁的小立安跟随着父亲到湖南汨罗读书。1923 年，欧阳立安又跟随母亲到长沙求学。

1926 年，北伐军占领长沙。12 岁的欧阳立安积极地加入了儿童纠察队并担任了儿童纠察队第一队的队长。他经常带领纠察队队员在大街小巷张贴、散发传单，维持秩序，组织募捐。在欢迎北伐军进城的民众大会上，欧阳立安还作为学生代表做了发言。由于年纪小，个子矮，他只能站在小凳子上说话。在发言的时候他激动地振臂高呼：“打倒帝国主义！打倒军阀！打倒土豪劣绅！”虽然他人小，但是他浓厚的爱国热情感染了在场的每一位观众。

1927 年，国民党右派叛变革命。汪精卫发动马日事变后，欧阳立安的父亲欧阳梅生转移到武汉，参与组建汉阳县委工作。欧阳立安也跟着来到武汉，并成了县委机关的一名小交通员，负责为党组织传递革命报刊、机密信件和指示等，还曾经机智地掩护县委的同志躲过敌人的搜捕。当时，他肩负着传送党的机密刊物《大江报》这个重任。由于机智勇敢，他曾多次出色地完成任务。在《大江报》担任编辑的谢觉哉同志就曾称赞他为“勇敢的少年斗士”。

欧阳立安的父亲欧阳梅生由于长期辛苦地工作而积劳成疾，不幸逝世。欧阳立安在党组织的安排下于1929年春随母亲来到上海，进入申新五厂当童工。当时，上海的资本家欺诈工人的手段非常毒辣，不仅工时长、工资低、随意使唤工人，而且连吃饭的时候都不许工人关车床。工人们的生活十分艰苦。一天中午，欧阳立安正在吃饭，工头走过来颐指气使地命令道：“你去给我买包烟来！”

欧阳立安平静地说：“等会儿，你没看见我在吃饭么。”

工头顿时火了，大声呵斥道：“你这个瘪三，竟敢跟我顶嘴！罚你四角钱！”

欧阳立安斜眼看着工头的那副嘴脸，不禁哈哈大笑起来：“你要罚就罚吧，我不做了。”说完头也不回地走出了厂门，留下工头目瞪口呆地立在原地。

不久，经中共江苏省委委员、上海沪中区委书记何孟雄的介绍，欧阳立安担任了区委小交通员，同时跟随何孟雄从事工人运动。他在浦东、沪西、闸北、南市一带的纱厂和烟厂之间来回奔走，通过巧妙的方式在工人中间散发传单和小册子，宣传革命的道理，告诉工人他们为什么会深受压迫，号召工人要联合起来进行罢工，以对抗资本家，还提出了“不许打骂工人，提高工人工资，优待童工、女工”等口号，在工人中间引起了很大的反响。

欧阳立安宣传革命道理的方式非常巧妙和独特。有时候他把传单揉成纸团塞进粗纱筒里。工人们使用纱筒时发现纱筒被卡住了，就用力地甩，纸团就被甩出来了。他通过这种方式使得传单在工人中间秘密地传阅着，让工人们知道了他们并不是孤单的，还有人关心和支持他们，党组织就在身边！

这年冬，欧阳立安经何孟雄介绍加入了中国共产主义青年团，并担任共青团沪东区委委员。在此期间，他多次参加上海各界工人举行的游行示威和罢工斗争，并在斗争中不断地磨炼和进步。

1930年的“五一”劳动节，欧阳立安带领着500名童工参加沪东区委在华德路跑狗场举行的纪念集会，并组织游行示威。他在集会上发表了慷慨激昂的演说，还教大家唱自己编写的《劳动儿童团歌》：

冲、冲、冲，
我们是劳动儿童团！
不怕敌人刀和枪，
不怕坐牢和牺牲，
杀开一条血路，
冲、冲、冲！

后来巡捕房到街上抓参加游行集会的人。欧阳立安机智冷静地指挥童工们就地疏散，他自己则装作卖膏药的小贩，在大家的掩护下顺利地撤退了。

欧阳立安不仅积极地支持和参加工人的运动，而且继续运用巧妙的方式在工人之间宣传“打倒土豪劣绅，打倒国民党反动派，争取革命胜利和民族解放”的道理。

1930年春，年仅16岁的欧阳立安又经何孟雄介绍光荣地加入了中国共产党。1930年6月，欧阳立安作为中国青年工人代表，随刘少奇赴莫斯科参加赤色职工国际第五次代表大会和少年共产国际的有关会议，并参加了苏联“十月革命”13周年纪念活动，大大地增长了见识。同年11月，欧阳立安回国之后，党组织任命他为共青团江苏省委委员和上海总工会青工部部长。就这样，小小年纪的欧阳立安当仁不让地挑起了革命的大梁！

1931年1月17日，欧阳立安根据党组织的指示参加中共江苏省委的一次秘密会议，却被国民党反动派发现。他与何孟雄、柔石等一起开会的同志被逮捕并关押在龙华监狱中。

被捕之后，敌人对欧阳立安进行了审讯。面对敌人的严刑逼供，欧阳立安毫无惧色，誓死严守党的机密。他说："中国革命一定会胜利！我是共产党员。就算筋骨变成灰，我也还是百分之百的共产主义者！我为共产主义、为国家、为人民而死，死而无怨！"在龙华监狱中，他早就做好了牺牲的准备！

1931 年 2 月 7 日晚，欧阳立安与何孟雄等 24 名同志被反动派押赴刑场。在敌人密集的枪声中，欧阳立安与同志们高呼着"中国革命成功万岁""打倒帝国主义"，壮烈地倒在了血泊之中。

在这 24 名英勇就义的烈士当中，欧阳立安年纪最小，年仅 17 岁。

中华人民共和国成立之后，欧阳立安的母亲陶承撰写了一本长篇革命回忆录——《我的一家》，成为广大青少年十分喜爱的优秀读物。

1950 年，当时担任上海市市长的陈毅嘱咐上海市人民政府给欧阳立安的母亲写信，信中赞扬道：欧阳立安等同志英勇顽强的斗争精神及为中国人民解放事业而壮烈牺牲的事迹，将永远铭刻在全国人民的心中。烈士们的热血，换来了今天全民族解放的辉煌胜利，奠定了人民革命政权的牢固基础。烈士们的精神将永垂不朽！

欧阳立安经历了从儿童团员到共青团员，再到共产党员的短暂而辉煌的一生。他的生命足迹并不久远，可是他在中华民族历史上的分量重于泰山！正是由于有千千万万像欧阳立安这样的革命先烈抛头颅、洒热血，不畏牺牲，才有了中华民族解放的最终胜利！他们的英勇献身精神必将激励一代又一代人为了中华民族的复兴大业，为了祖国的繁荣昌盛而不懈奋斗！

参考文献

1. 陶承. 我的一家［M］. 北京：工人出版社，1958.

2. 谷小因. 党的好儿子：欧阳立安［M］. 长沙：湖南人民出版社，1959.

3. 中共党史人物研究会. 中共党史人物传：第二十八卷［M］. 西安：陕西人民出版社，1986.

6. 郭凤韶

凤子年少求真理，碧血飞溅金陵土

郭凤韶，1911年出生于浙江临海，12岁时从台属联立女子师范附小毕业，15岁从县立尚文小学毕业后，考入临海女子师范学校。1926年参加临海青年革命团体——乙丑读书社，受进步思想熏陶，不久加入共产主义青年团，成为读书社的活动分子。之后，郭凤韶考入南京晓庄学校，并成为一名光荣的共产党员，曾任党小组组长、交通员、南京反帝自由大同盟女工委员会委员。1930年4月，南京晓庄学校被蒋介石反动派查封，校长陶行知被通缉。郭凤韶被叛徒出卖，不幸被捕，9月26日在南京雨花台从容就义，年仅19岁。

1911年，郭凤韶生于浙江临海县一个进步知识分子家庭。父亲是中国同盟会会员，辛亥革命的参加者；母亲是一个有教养的女子，曾就读于临海女子师范学校，思想开明，能诗善文。郭凤韶从小就受到革命思想教育。7岁入私塾读书，12岁毕业于台属联立女子师范附小，15岁从临海县立尚文小学毕业后考入临海女子师范学校。

1925年暑假，临海旅沪、宁学生林炯、陈学西、林迪生、李敬永等人在上海革命风暴的影响下，回临海组织了以“努力读书，改造社会”为宗旨的乙丑读书社，积极宣传辩证唯物主义和历史唯物主义，明确提出“只有马克思列宁主义、共产党才能救中国”的口号，指明了青年前进的方向。郭凤韶积极参加了乙丑读书社，并阅读了《新青年》

《创造月刊》《彷徨》《呐喊》等进步刊物和书籍，思想逐渐开明。

1927 年“四一二”反革命政变后，国民党反动派进行“清党”，对革命横加摧残。当时乙丑读书社受到打击，社址被查封，宿舍被包围搜查。有些社员被白色恐怖吓倒，纷纷声明退社，但郭凤韶说：“革命是我的第一生命，我决不退社。”还鼓励大家：“要坚持到底，不要被吓倒，以后新中国是我们的，共产主义一定会胜利的！”在险恶的日子里，郭凤韶始终坚持斗争，只身走街串巷，散发传单，贴标语。

反动派为了扑灭临海的革命烈火，出动所有军警、密探、特务，关闭城门，严守水陆交通要隘码头，断绝城乡交通，扬言要捕尽共产党。郭凤韶化装成进城做买卖的乡村妇女，混入群众中，乘城门开放时逃出，暂时避居舟山岛附近朱家尖表姐孙儒珍处。孙儒珍当时任朱家尖大古塘小学校长。郭凤韶就在这所学校任教，教课余暇常到农民家中访问。农民受其影响，纷纷送儿女到学校里来。

1928 年夏，从南京回来的徐一冰告诉郭凤韶，南京晓庄学校是一所新型学校。在教育家陶行知的领导下，那里的革命氛围浓厚。徐一冰动员郭凤韶去那儿继续求学，郭凤韶欣然答应。考入南京晓庄学校后，虽然边读书边劳动，生活艰苦，但郭凤韶为这里的气氛所吸引，不久就加入了共产主义青年团，并于 1929 年加入中国共产党，还担任了党小组组长。

入党后，郭凤韶在党的指引下，经常利用课余时间与其他同志下乡宣传，参加各种社会活动，很快熟悉了周围情况。党组织见她大胆、机智，不久就让她担任了交通员。

1930 年，下关英商和记工厂的工人在要求增加工资的罢工斗争中被打伤。南京晓庄学校师生在地下党组织下成立了后援会。这时已担任反帝自由大同盟女工委员会委员的郭凤韶和其他同志到处奔走，在各街头宣传，散发传单，募集救济金。4 月 5 日中共南京市委发动全市十多所学校举行声援工人的示威游行。郭凤韶活跃在游行队伍中领呼口号，散发传单。这次游行震慑了反动派。蒋介石大怒，于 4 月 8 日悍然封闭南京晓庄学校。校长陶行知被通缉，学生则被驱逐出校。当时由于南京晓庄学校师生和附近群众建立了良好的感情基础，所以虽然学校被封，但学生们还是坚持在学校周围和群众打成一片，搞地下活动。随着形势越来越严峻，党组织通知郭凤韶和徐明清同志转移。两人秘密前往江苏无锡乡下，以教书为名隐蔽下来。

入秋后，天气转凉，学生们准备回南京晓庄学校附近的农民家里拿行李。到了南京下关，郭凤韶碰上了同学余仲篪（特务）。余仲篪对郭凤韶佯说："晓庄区域情况非常紧张。你是要被逮捕的人，去不得。"他假意叫郭凤韶速去上海，蓄谋跟踪郭凤韶，以破坏上海的一些党组织，并佯言放在农民家里的行李，由他待风声稍缓时去取出后送到上海。郭凤韶由此先去了上海。一天，她外出回来时忽闻南京晓庄学校同学来找，同学还留下字条说铺盖已拿来，嘱咐她去某旅馆拿。去后即遭逮捕，被押解至南京。

郭凤韶被捕后，坚贞不屈。敌人问她还有哪些同党时，她高声说："全中国的儿女，除了你们这些坏蛋外，都是革命者。你们想抓，是抓不尽的；想杀，是杀不绝的！"敌人把她打得血肉模糊。在被押赴刑场的路上，敌人怕她振呼革命口号，就用绳索将她捆紧，用布带把她的嘴堵住。她尽力用手抓开绑带，高唱《国际歌》，高呼"中国共产党万岁"，最后在雨花台英勇就义。

郭凤韶烈士虽已远去，但她那视死如归、不屈不挠的光辉形象将永远活在我们心里。她的遗骸后被安葬于雨花台烈士陵园。人们还建立了郭凤韶烈士纪念馆，以缅怀先烈，教育后人。

参考文献

1. 中共南京市委党史资料征集编研委员会办公室，南京雨花台烈士陵园管理处. 南京英烈：第 1 辑［M］. 南京：南京工学院出版社，1987.
2. 中华全国妇女联合会. 中华女英烈［M］. 北京：文物出版社，1988.

7. 蒲海水

严守秘密心似铁，誓死不吐真英雄

蒲海水，陕西洋县华阳镇常家坝人。1923 年出身于一户贫苦农民家庭，从小就遭受着恶霸地主的压迫，后在红军精神的浸育下，成为一名光荣的红军交通员，为红军站岗放哨、送信，为红色政权的建立做出了不可磨灭的贡献。后在国民党军的围剿中被捕。面对敌人的威逼，蒲海水严守党的秘密，誓死不吐一字，最终被敌人折磨致死，时年 12 岁。

走进华阳古镇，映入眼帘的首先是崔嵬葱茏的烟家岭，岭巅的绿树丛中矗立着洋县革命烈士纪念碑。从山下拾级而上，228 级台阶象征着纪念碑上 228 位烈士的名字。驻足而视，纪念碑高大雄壮、金光闪闪，高 19.35 米、宽 2.5 米的碑身象征着红二十五军 1935 年曾经到过华阳。从此，古镇华阳发生了翻天覆地的变化。

1935 年 3 月 8 日，长征途径秦巴山区的中国工农红军二十五军来到华阳，并在华阳镇西北方向的红石窑村余家院设立司令部。在红色政权的引领下，华阳人民打土豪分田地，建立苏维埃政权，设立游击队，将华阳地区的天染红了半边。

此时，12 岁的蒲海水正沉浸在欢迎红军的喜悦中。自从红军来到华阳镇，乡亲们各个争相拥护，期盼着红军带领大家过上好日子。红军到达华阳后，积极开展宣传工作，在青砖瓦房、雪白围墙上苍劲有力地书写红色标语："穷人要想有饭吃、有衣穿，只有参加红军！"

在这红色海洋中，蒲海水感受着红军的亲民、伟大，并在父亲蒲顺才的影响下，日益倾心红军，迫切地想要加入红军，带领家乡人民脱离苦海。但囿于蒲海水年纪较小，个头还没有枪杆子高，因此，指战员批准其担任红军的小小交通员，为红军和游击队送信、站岗放哨。

蒲海水的父亲是华阳革命政权的骨干人员，参与红军在华阳地区的革命活动。在父亲的熏陶下，蒲海水日益坚定了革命立场，认识到红军是好人，是穷人的队伍。在红军精神的浸育下，蒲海水的思想日趋进步，小小年纪就想成为红军的大英雄。

在革命意志的敦促之下，蒲海水用自己的聪明勇敢践行着交通员的职责。一天，红军指战员派蒲海水到牛岭沟取信。这是敌人封锁严密的地方。信被放在牛岭沟村北土地庙的香炉下面。要想顺利地拿到信，必须经过敌人的防区，绕过敌人的岗哨，在敌人的眼皮子底下活动。这是十分危险的一次行动，但蒲海水依然坚定地保证：“一定完成任务!”蒲海水明白，红军的信一定非常机密、重要，就是拼尽全力也要把信取回来。蒲海水信誓旦旦地前往牛岭沟，快到达土地庙的时候，发现敌人的岗哨在进行严密的盘查。“这可怎么办呢?”蒲海水小声嘀咕着，心里着急坏了。忽然，目光一撇，他看到了正在吃草的几头黄牛，于是灵机一动，顺势折下一根树枝，将牛往土地庙方向赶去。快到目的地的时候，蒲海水猛抽了牛屁股几下，牛就发疯似的往前跑。蒲海水故意大声吆喝着：“快闪开，闪开!”他顺利通过了岗哨，趁敌人不注意，迅速拿到了信，转身又把牛往回赶。就这样，蒲海水顺利完成了任务，把信安全交给了红军。

在红军的带领下，华阳镇的乡亲们分到了地主的粮食、衣物和土地，还宣布成立了华阳地区七个苏维埃政权，即华阳街、红石窑、常家坝、石塔寺、吊坝河、瓦子沟、小华阳七个政权。小英雄蒲海水的爸爸蒲顺才当时任常家坝乡苏维埃主席。他领导群众抗捐抗税，成立“抗捐军”，支持游击队开展对敌武装斗争。

华阳游击队是红二十五军点燃的革命烈火，初创时只有 40 多人，装备简陋，人员简单，主要负责苏区武装斗争、保卫地方政权和保护革命成果。为了对抗国民党和土豪劣绅的敲诈勒索，改变广大人民群众衣不蔽体、食不果腹的生活现状，华阳游击队提出了“组织起来，抗捐抗税，打土豪，有饭吃”的革命口号，带领人民群众打击土豪劣绅，镇压反革命势力。

后在逃亡地主羊云九等人的阴谋下，国民党驻军向游击队发起三次围剿斗争。

土豪、劣绅等乘机反攻倒算，到处抓人放火。蒲海水家的房子被烧毁了，牲畜被烧死了，全家老少无家可归，被迫逃离到离华阳 20 多公里的荒草坪居住。即使如此，蒲海水和父亲仍积极和游击队保持联系。祸不单行，在国民党第三次围剿中，蒲海水全家被捕，父亲被吊在屋梁上，母亲被捆在柱头上，蒲海水则被绑在床腿上。后半夜，趁敌兵都睡着后，蒲海水偷偷磨断绳子，蹑手蹑脚地解开父母的捆绳，逃出虎口。刚逃出不远，就被敌人紧紧追赶，三人只好分路逃跑。不幸的是，蒲海水再次被敌人抓住，关押在三官庙。

凶狠恶毒的敌人对蒲海水严刑拷打，恶狠狠地逼问他：“游击队在哪里？”“谁是游击队员？”但是无论敌人怎么威逼利诱，蒲海水都只字不吐。

敌人见从他嘴里得不到任何有用的情报，便将老百姓都赶到三官庙门前的戏楼坝，让他们看看蒲海水的下场，以此震慑乡亲们。

蒲海水被捆绑至戏楼前，虽然伤痕累累，但革命意志不减，对敌人骂不绝口，并扬声高喊“红军万岁！共产党万岁”！万恶的敌人仍然不死心，往蒲海水头上钉铁钉，钉一下问一声：“红军游击队在哪里？苏维埃干部在哪里？”蒲海水仍不吐一个字。就这样，12 岁的小英雄蒲海水被活活折磨而死。

为了纪念少年英烈蒲海水，群众将他的事迹编成了诗歌：

打死我也不说

——讴歌英雄小交通员蒲海水

敌人的糖，是毒药；

敌人的钱，是穷人血。
糖不要，钱不接，
保守秘密心似铁。
要问游击队在哪里？
不说！
苏维埃干部在哪里？
不说！
不说！不说！就不说！
打死我也不说！

今天，华阳革命烈士纪念碑巍然屹立在古镇华阳，一辈又一辈的青少年前往瞻仰、学习。“烈士精神永垂不朽”，这是革命烈士留给我们的精神遗产，也是我们建设新社会、踏上新征程的精神支柱。

参考文献

1. 郭鹏．汉中地区志．西安：三秦出版社，2005.
2. 李杰．古镇华阳．西安：三秦出版社，2008.
3. 杨石珊．华阳民歌民谣．北京：作家出版社，2011.

8. 马骥宸

赤色儿童显神通，夜色阑珊满城红

马骥宸，1920 年出生于河南安阳城里马号后街，1928 年进入安阳第一小学读书，1933 年经共产党员何高民介绍，加入中国共产主义青年团，后任团支部组织委员。1934 年成为安阳秘密组织赤色儿童团的领导人之一，被誉为“党的小助手”。同年，马骥宸小学毕业，因家境困难，没有继续升学，留在本校图书馆工作。他和共青团员常百川建立了一个秘密“图书馆”，传播革命思想。1935 年，马骥宸带传单和书籍到豫新纱厂，途径郭家湾木桥时，被叛徒王斌带领的特务抓捕，被关押在安阳羁押所里，后被押解到开封第一监狱。在敌人的残酷折磨下，1936 年，这位志坚如钢的 16 岁英雄少年在狱中壮烈牺牲。

1920 年马骥宸出生在河南安阳城里马号后街。此时正值军阀混战时期，社会动荡。马骥宸从小就生活在战乱的年代，对军阀混战十分厌恶，萌生了救国救民的远大志向。

1928 年马骥宸进入安阳第一小学读书。1930 年革命思想激进的青年教师张仲房担任了第一小学校长，并聘请共产党员何高民任训育主任。

“九一八”事变后，安阳各地的共产党组织积极进行抗日反蒋宣传活动，揭露蒋介石的不抵抗政策和积极反共的暴行。安阳第一小学校长张仲房认清了国民党的反动面目，积极在学校开展抗日救亡宣传活动。学校的教员们利用讲坛对学生们进行爱国教育，引导学生确立无产阶级世界观，激发爱国热情。张仲房、何高民还参与创办进步刊物，以宣传爱国主义，鼓励抗日救国，在广大师生中产生了积极的影响。安阳第一小学因此被称为“小苏区”。

在“小苏区”的学习生活中，马骥宸阅读了不少进步书籍和刊物，认识到了日本帝国主义和国民党的反动面目，接受了共产党的无产阶级理念，进一步倾向于革命，并于 1933 年在共产党员何高民的介绍下，光荣地加入了中国共产主义青年团。

1934 年，中共安阳区委在第一小学、男师附小、女师附小等学校的学生中和工厂、商店的童工中，组织建立了安阳儿童救国总会，并在各小学成立了分会。随后，在救国总会及分会的积极分子中选择了倾向于革命的优秀儿童团员，秘密组成了赤色儿童团。年仅 14 岁的马骥宸为赤色儿童团的领导人之一。

赤色儿童团的主要任务为送情报、贴标语、散发传单。成员们经常把印有“打倒日本帝国主义”“反对内战”“欢迎红军北上抗日”等标语的传单包上石头扔进居民院、政府院、警察局或军政人员家院里。有时也会趁夜色朦胧，将印好的传单、标语塞进民居、商店和党政机关的门缝里。除此以外，他们还会五人一组，前后各一人站岗放哨，一人拿标语，一人刷糨糊，另一人贴标语，见到有人来时就佯装嬉笑玩闹，等没人了就抓紧张贴标语。往往在一夜之间，能搞得“满城红”。

1934 年夏季，马骥宸小学毕业，因家境困难，无法继续升学。后在何高民的帮助下，学校同意马骥宸留在图书馆工作。马骥宸万分高兴，更加积极地投入抗日救亡活动中，很快树立了无产阶级世界观，充分感悟到抗日救亡的革命道理，提高了爱国主义思想觉悟。

在党的领导下，马骥宸利用工作之便，不断到各个中小学进行抗日宣传活动，秘密发展常百川、王佩等人加入共产主义青年团。秋天，马骥宸与常百川一起建立了秘密“图书馆”。所谓“图书馆”，其实就是一个装有进步书刊的木箱子。为了不引起注意，他们按照书本的厚薄程度，把进步书刊的封面改成《三民主义》《国民政府建国大纲》之类的封面。

赤色儿童团在马骥宸等人的领导下非常活跃，引起了安阳国民政府的注意。河南绥靖公署通知安阳专员公署限期缉捕共产党员。随后，安阳全城进入警戒状态，党团员的活动受到特务的密切关注。1935 年 1 月，安阳国民政府下达了逮捕令，并于当日逮捕了安阳第一小学校长张仲房，还扬言要将共产党一网打尽。在这样危急的时刻，马骥宸依然奋斗在革命的前沿阵地。

1935 年，马骥宸化名为段金铭，带着传单书籍赶往豫新纱厂，途径郭家湾木桥时被特务包围。

敌人把马骥宸关押在安阳羁押所里。见马骥宸年岁不大，便哄骗他招供："这是谁印的传单和书籍，要送到哪里去。你的同伙是谁？你说出来我就给你赏钱，并放你回家。"

"你们说的这些，我一个小孩儿怎么会知道？"

"那这些传单和书籍是从哪里来的？"

"我是在桥上捡到的。"

敌人显然不相信马骥宸说的话，便对他痛下毒手。在惨遭数次折磨后，马骥宸依然坚贞不屈，没有透露党的秘密。敌人见一无所获，只好将马骥宸打入监牢。在狱中，马骥宸是年龄最小的"犯人"，但他不怕刑讯。

马骥宸被反动政府以莫须有的罪名判处有期徒刑 3 年，并移送开封第一监狱。在狱中，叛徒咬定马骥宸是赤色儿童团的骨干分子。在遭到不计其数的刑讯逼供后，马骥宸仍然守口如瓶。敌人恼羞成怒，拒绝提供食物。1936 年 11 月，这位志坚如钢的 16 岁英雄少年被活活饿死在监狱中。

安阳解放后，马骥宸被追认为革命烈士。虽然马骥宸的一生只有短短的 16 年，但他崇高的品质、视死如归的革命情操，始终激励着新时代的青少年们勇往直前。

参考文献

1. 李银耕，申泽田，温民法. 血战万感楼［M］. 郑州：河南人民出版社，1988.

2. 中共安阳县委党史资料征集编纂委员会. 安阳英烈［M］. 北京：中国社会出版社，1991.

9. 钟阿仁

畲族英雄小阿仁，只身赴险护红军

钟阿仁，福建霞浦人，1923 年出身于八斗坝棕树垄村一个贫苦农民家庭。1934 年在小东区苏维埃政府肃反委员彭马城的引导下，参加了儿童团，了解了革命道理，积极加入抗击国民党反动派的活动中。1936 年，国民党“围剿”红军。为掩护部队转移，钟阿仁不幸被捕牺牲，时年 13 岁。他是第二次国内革命战争时期闽东地区年龄最小的一名英烈。

钟阿仁，1923 年出身于福建霞浦八斗坝棕树垄村一个贫苦农民家庭。祖祖辈辈都靠租种地主家田地养家糊口。

1934 年春，闽东革命的烽火燃遍霞浦大地。小东区苏维埃政府肃反委员彭马城来到棕树垄村。在他的带领下，贫苦农民争先恐后地参加农会、赤卫队、贫农团，成立苏维埃政府，进行打土豪、分田地，废租废债。革命运动蓬勃发展，声势浩大。

这时，钟阿仁在彭马城的教育引导下参加了儿童团，开始学文化知识和站岗操练。他喜欢缠着彭叔叔给他讲杀敌锄奸的故事。彭叔叔说罢感慨：多少仁人志士为了革命抛头颅、洒热血，这份担子不可谓不重。

钟阿仁见状问道：“什么是革命？我们为什么要革命呢？”

彭马城语重心长地告诉小阿仁：“革命就是要让乡亲们过上好日子，让全国人民过上好日子，让我们的祖国不再落后。”

钟阿仁认真地听着。

彭马城看着眼前的孩子微微笑着："只有坚持革命，我们才会有出路，国家才会有未来。革命不是为了一个人的利益，而是为了千千万万受压迫的人们的利益。只要我们勇敢地站出来改变这个世界，我们就不再是受压迫的奴隶……"

"不再是奴隶？那会是什么？"钟阿仁听得瞪大了眼睛。

"世界的主人。不只是你跟我，还有大家，所有受压迫的人，我们都将会是世界的主人。"

钟阿仁听得很入迷，第一次有了真正的理想与信仰。

1934 年秋，国民党反动派调集大量兵力，对闽东苏区进行疯狂"围剿"。霞浦地区被敌人攻占，棕树垄村也被洗劫一空。革命斗争被迫转入地下，村干部、赤卫队也转入深山开展游击战争。

国民党军为了把红军游击队困死在山上，采取经济封锁政策，规定粮食、食盐、药品、蜡烛、煤油等一律不准运进苏区，同时还在罗汉山、宿家湖等路口建设炮楼，增设岗哨，对往来行人进行严格搜查。

为了解决山上游击队的给养，钟阿仁经常想办法到几十余里外的集镇购买急需用品。他将竹枪担中的竹节打通，每次卖柴后，就到僻静处将买来的食盐和少量西药装入竹枪担中，再将上面一节伪装的竹节盖紧，然后持着竹枪担大模大样地往回走。就这样，钟阿仁每次都顺利地瞒过敌人岗哨的搜查，然后又冒着生命危险，悄悄地将这些急需品送到山上给红军游击队。

1935 年 8 月，彭马城被敌人抓走并杀害了。消息传到钟阿仁耳朵里。他无法平息内心复仇的怒火，发誓一定要为彭叔叔报仇。后来，他跟着英勇善战的小东区游击队作战，立下了许多战功。

1936 年 5 月，国民党军以数倍于红军游击队的兵力进山"围剿"。战斗打得十分惨烈，不少游击队队员壮烈牺牲。游击队队长决定留下几位队员掩护队伍转移。由于情况紧急，来不及仔细分配，在钟阿仁的再三请求下，队长允许钟阿仁加入掩护之列。留下的游击队队员一边掩护部队撤退，一边投入狙击敌人进攻的战斗中。这是一项非常艰难且危险的任务，阵地上硝烟弥漫。一发发炮弹落到了钟阿仁的四周。他狠狠地咬着牙，伏着身子躲避，而后探头向敌人射击。惨烈的战斗更激发了游击队队员的斗志，他们一次次击退了敌人的进攻。

忽然，钟阿仁发现有落单的三四个敌人躲开了游击队的封锁线，沿着部队转移的方向而去。

为了不让掩护任务功败垂成，钟阿仁毅然朝着落单敌人的方向跟去，挺身而出，主动暴露自己来转移敌人的注意力。他借着地形掩护，朝敌人开了几枪，然后跳出来在敌人面前晃了一眼就迅速朝树林中跑去。敌人被钟阿仁的攻击吸引，急忙冲着他追去。就在游击队安全转移之后，钟阿仁也身负重伤，落入敌人之手。

敌人见给自己造成这么大损失的红军里居然还有这么小的孩子，便恼羞成怒，对钟阿仁一顿暴打。枪托、皮带犹如雨点般落在钟阿仁身上。钟阿仁虽身负重伤，却咬紧牙关，始终一声不吭。

敌人将枪口对准钟阿仁的胸膛，凶狠地逼问："共产党游击队转移到哪里了？快说！说了就让你回家！"

钟阿仁脑海里闪过彭叔叔的身影，冷笑道："你们要我出卖革命，是痴心妄想。要我的命，尽管拿去！只可惜我不能亲眼见到革命成功的那一天，不能亲眼见到你们这些骑在人民头上作威作福的人落得个什么下场！"

"真是敬酒不吃吃罚酒。"暴跳如雷的敌人挥了挥手，咬牙切齿地喊，"打！给我狠狠地打！看他说不说！"钟阿仁被打得昏死过去。敌人见从他嘴里套不出什么话来，只好悻悻作罢。

几天后，遍体鳞伤的钟阿仁被敌人用门板抬着到了县城的教场头。在途中，敌人还贼心不改，告诉钟阿仁只要招供，就不会被枪毙。可是钟阿仁还是一言不发，只是用刀子般的眼光看着敌人。那眼光充满仇恨和蔑视。

这天，教场头挤满了乡亲。人们纷纷怒骂敌人的残忍。敌人气急败坏，将几支枪对准钟阿仁的胸膛。面对敌人黑洞洞的枪口，钟阿仁从容镇定，用尽全身力气高喊："中国共产党万岁！打倒国民党反动派！红军万岁！"

年仅 13 岁的小英雄钟阿仁牺牲了，他是第二次国内革命战争时期闽东地区年龄最小的一名英烈。他将自己短暂而辉煌的一生献给了革命事业，献给了家乡人民。他的故事已经深深烙在人们的记忆里，与家乡的山水融为一体。

参考文献

1. 中共福建省委党史研究室. 福建英烈传略：上［M］. 福州：福建教育出版社，2015.
2. 霞浦县民族事务委员会《霞浦县畲族志》编写组. 霞浦县畲族志［M］. 福州：福建人民出版社，1993.
3. 中共霞浦县委党史研究室. 霞浦人民革命史［M］. 北京：中共党史出版社，2009.
4. 伊漪. 凤凰锵锵杜鹃红：闽东畲族革命故事选. 北京：九州出版社，2016.

10. 夏秋生

一腔鲜血洒热土，万种心思报国家

夏秋生，生于1927年，上海松江县人，自小身体瘦弱，但学习成绩优异，非常聪明。随着日本帝国主义入侵，他的家乡也遭遇沦陷。夏秋生虽然年幼，但是他的爱国热情分外高涨，感受到了民族之恨。1938年腊月，夏秋生在上海方塔上写下“打倒日本帝国主义”八个大字，不久就被残暴的日军发现，最后英勇就义，时年11岁。

1937年7月，日本帝国主义为了独占中国，发动了蓄谋已久的全面侵华战争。日军肆无忌惮地抢夺我国同胞们的财产，屠杀他们。11月，上海的松江县也受到了日军的疯狂进攻，不久沦陷。松江人民流离失所，生活在水深火热之中。

日军的暴行激起了全国人民的愤恨。广大人民群众掀起了一浪又一浪的抗日救亡热潮。松江杨家桥小学学生夏秋生目睹了日军的暴行，心中万分悲愤。民族恨在夏秋生心中激发起强烈的爱国热情。

夏秋生住在城内会星桥堍。由于生活贫困，他经常吃不饱、穿不暖。夏秋生从小就给地主家放牛。他的东家是一个非常狠毒的地主，整天阴沉着脸。这个地主每天都要到地里看伙计们干活，又挑毛病，又找碴儿。如果夏秋生放的牛不吃草，他就要破口大骂，有时还挥动鞭子没头没脑地打人。夏秋生受尽了折磨，恨透了这个凶恶的地主。

尽管夏秋生从小就受到地主的虐待，但他从来都没有屈服过。倔强的夏秋生养成了坚强、耿直的个性。随着日军的入侵进一步加剧，地主家里也遭到了日军的搜刮和抢夺。原本放牛的夏秋生终于放下牛鞭，勇敢地加入抗日救亡的队伍中。革命的环境和连绵不断的战火把夏秋生锻炼得更加坚强、刚毅了。

夏秋生依然记得日军第一次来他们村的时候，把全村的男女老少都赶到了一起。日军说村里藏着八路军，逼迫大家交代。村民们知道八路军是共产党领导的抗日队伍，就不开口。于是这帮日本兵就凶狠地砍下了两个农民的头，场面非常恐怖。

这时的夏秋生已经参加了村里的儿童团，常带领着一帮小孩子帮忙送情报、打敌人。

一个翻译官突然对日军军官说："儿童团团长肯定知道！"

日军军官一听，脸色一变，面带笑容地对村民们说："叫你们儿童团团长出来！"

夏秋生噌的一声从人群中站了出来："我就是儿童团团长！"

日军军官问："你说，八路的伤员在哪里？"

"不知道！"夏秋生大声答道。他是铁了心，豁出去了。

日军军官一听，嗖的一声把尖刀从腰上抽了出来，大声说道："你不说！死啦死啦的！"说着就把尖刀架在了夏秋生的脖子上。

看到这情景，旁边的乡亲们都惊呆了。夏秋生也过了好久才缓过神来，幸好搁在脖子上的是刀背。

不一会儿，日军军官狰狞地笑了笑，说："你们的儿童团成员，统统给我出来。"大家都不知道这时日军军官要耍什么花样。

夏秋生立即喊："儿童团，立即集合！"

不一会儿，人群中整整齐齐地站出来一支队伍。日军军官摸了摸嘴上那一撮小胡子，让翻译给他翻译，叫儿童团团员唱歌。

孩子们多想唱之前八路军叔叔教他们唱的抗日歌曲呀，但是那样肯定会激起日本人更加疯狂的杀戮。

夏秋生在情急之中，就故意让大家瞎唱一阵。日军军官听得捂着耳朵直喊："停下停下！滚蛋，马上滚蛋！"夏秋生赶忙带领儿童团团员们撒腿就跑，躲过了一场残杀。从那以后，夏秋生下定决心同敌人斗争到底。他幼小的心灵萌发了抗日救亡的坚强信念。

1938 年寒冬腊月的一天晚上，夏秋生趁夜黑敌人不注意，溜到了松江著名的方塔边上。他拿起带来的笔，在上面写下了“打倒日本帝国主义”八个大字。

第二天早上，日本驻当地军部看到了这八个大字。字歪歪扭扭的，惹得日军暴跳如雷。他们立即派兵将松江三公街团团围住。杀气腾腾的日军把村民们围在街道上。

日军端着枪，威逼村民们说：“马上交出写标语的人，不然都得死!”

此时，气氛非常紧张，人们都站在那里没有说话。日军军官看到躲在一对夫妇后面的小孩子，诡异地笑了笑：“小孩，不要怕。这些字到底是谁写的?”

这时，日军军官旁边的翻译官对他说：“从写标语的痕迹来看，像是一个小孩写的。”

“八格呀噜，”日军军官咆哮道，“把小孩全部抓起来。”

不一会儿，小孩子们都被抓了起来。日军想把小孩子抓起来吓唬一下，逼大家说出写字的人，但是没有一个人回答。

“你们谁写的标语?”日军军官凶恶地问道。

可是仍然没有人回答。

“长官，就让他们每个人写几个字，对照笔迹就可以看出是谁写的了。”狡猾的翻译走到日军军官面前谄媚道。

于是，日军军官就拿来纸和笔，逼迫孩子们一个一个地写字，然后一个一个地对照。夏秋生不想连累大家。他明白如果今天找不出写大字的人，敌人就不会善罢甘休。于是，当轮到他写字时，他写了和墙上一模一样的字。日军军官一看夏秋生写的字，狠毒地骂了起来：“你这个臭小孩，实在大大的坏!”说着就拿起枪托朝夏秋生的腿上狠狠地砸了几下。年幼的夏秋生没站住，一下子就跪倒在地。紧接着，敌人又抓起他的衣领，指了指桥下面的河水说：“谁让你来写的？快说出来，不然就淹死你。”

夏秋生怒目圆睁，瞪着凶恶的敌人，一动不动，就像没听到敌人的问话一样，始终没有开口。双方就这样对峙着。

日军摆了如此大的阵势却一无所获，于是命人抬起夏秋生，把他扔进了河中。

当时正是寒冬腊月，河水冰冷刺骨。夏秋生在河水中苦苦地挣扎着。丧心病狂的日军则在岸上发出一阵阵狞笑声。眼看着夏秋生就要被淹死了，他的家人和邻居闻讯赶来，急忙把夏秋生救上了岸。夏秋生的脸已经冻得又紫又青，浑身直打哆嗦。他的妈妈赶紧把他抱在怀里，急忙跑回家。到家以后，夏秋生的姐姐赶忙给他换上干衣服，并不停地搓他的手脚。过了一会儿，夏秋生终于缓过来了，对妈妈说："娘，我冷。"妈妈的眼睛红了，眼泪不停地流。她抱着夏秋生难过得说不出话来。

就在此时，那群如狼似虎的日本兵又闯了进来，不由分说，抓起夏秋生就走。气势汹汹的敌人将刚缓过来的夏秋生押到方塔前。日军军官心里想着，夏秋生只是一个小孩子，不可能写出这些大字来，背后肯定有大人指使他，因此，非要揪住夏秋生问个究竟。日军军官端着枪指着夏秋生的胸膛说："快说！到底是谁指使你干的？这次不说就没上次那么幸运了！"

夏秋生心里恨透了日本人，早就把生死置之度外了。尽管日军军官和翻译再三地拷问，但夏秋生置之不理，始终一言不发，斜着眼睛看着远方。夏秋生的不合作态度惹怒了日军军官。夏秋生睁大眼睛怒目而视，恨不得上去咬下日本人的肉。丧心病狂的日军军官端起刺刀就朝夏秋生的胸膛刺下去。顿时，夏秋生的胸口喷出殷殷鲜血。鲜血染红了方塔的墙身，渗进了故乡的泥土里。毫无人性的日军军官又猛刺数刀。小英雄夏秋生就这样壮烈牺牲了。

夏秋生，一个年仅 11 岁的爱国者，他是多么的坚强、刚毅啊！他的死引起我们不尽的追思；他的民族正义感和爱国热忱感染着每一个中国人；他的英雄事迹将永远铭记在人民心里；他的抗日精神将被永世传颂；他的爱国主义精神将永远激励我们不断前进！

参考文献

1. 何慧明，王健民. 松江县志［M］. 上海：上海人民出版社，1991.
2. 高海虹，张仕梅，陈修文，等. 抗日英雄小故事［M］. 上海：上海教育出版社，2005.
3. 何慧明. 松江年鉴：2006［M］. 上海：汉语大词典出版社，2006.

11. 刘守玟

弱身壮死葬齐鲁，少女英名映苍穹

刘守玟，出生于1920年，湖南汉寿县军刘村人。1935年进入湖南长沙女子中学读书；1938年毅然投笔从戎，参加了中国军队战地救护队，在台儿庄大战前沿阵地，冒着枪林弹雨抢救伤员。后因日军军官砍死一国军连长，愤而搬起大石猛砸日军军官，最终罹难，年仅18岁。刘守玟烈士的遗物一张照片、一把匕首现收藏于台儿庄大战纪念馆，供后人瞻仰。

在1938年震惊中外的台儿庄大战中，数以万计的中国人献出了自己的生命。台儿庄大战纪念馆的“民族之光”英烈墙上镌刻着4000多名烈士的名字，其中有一个就是湖南女兵刘守玟。

台儿庄大战纪念馆里陈列着一张照片、一把匕首。照片中有一个女孩，清纯可爱，侧卧在草地上，犹如盛开的百合。匕首是1935年女孩的父亲在她即将进入湖南长沙女子中学读书时，送给她防身用的。在那个风雨飘摇的年代，这把匕首伴随着一个朝气蓬勃的年轻人远离家乡，为了民族大义、国家兴盛，毅然走向疆场。这张照片来自铜山县柳新镇陈塘村退休教师陈先生。在陈先生的努力下，这位被历史尘封了几十年之久的女兵的故事得以为人所知。

1937年卢沟桥事变后，刘守玟和一群热血青年纷纷离开家乡，千里迢迢来到徐州战场，参与战地救护。

1938年，刘守玟所在连队在台儿庄东十八里处邳县禹王山附近遭遇日军袭击。在枪炮声中，医院的院门被日本人的小钢炮炸开了，顿时几名战士被炸得血肉横飞。在一片慌乱中，护士长从病房里跑出来，沉着冷静地组织刘守玫、韦玉春等医务人员转移伤员。

突然，几个日本人呼叫着冲了进来，扑向了张皇失措的女护士们。护士们惊愕失色，尖叫着四处避让。只见日军军官举起雪亮的刺刀捅向伤员。情急之下，刘守玫奋力阻拦："不要！他的伤刚刚好一点了！"

日军军官冷笑着，挥舞着军刀将一国军连长砍死了。刘守玫彻底愤怒了，搬起一块大石头猛地砸向日军军官，一下、两下……怒上心头的刘守玫连砸数下，把日军军官的脑浆都砸了出来。而当她站起身来时，一颗罪恶的子弹射进了她的胸膛。从后面蹿上来的日本人恼怒地向倒地的刘守玫捅下刺刀。

重伤的刘守玫被民兵救走，送到陈塘村陈先生的奶奶家救治。几天后，刘守玫伤口感染，生命垂危。她微微睁开双眼，从衣兜里掏出一封信、一张照片和一把匕首，缓缓地说："父亲，对不起，您送我的匕首没能保住我的性命……妈妈，我疼，我，我想回家……"在孱弱的呼喊中，刘守玫走了。

战乱之下，各家各户四处逃生。陈先生的奶奶把信藏在箱底之后就逃难他乡，待避难归来，发现木箱里的信由于被水浸湿沤烂了，只剩下那张泛黄的照片。信的地址老人记不清了，她只记得内容大概是："女儿离家参军没有告诉父母。身死台儿庄我不后悔。只望父母不要悲伤。看到女儿的照片，就犹如女儿回到你们的身旁。"

就这样，抗日英雄的遗愿成为陈家祖孙两代人时刻挂念的心事。由于地址缺失，直到1995年老人离世，这封信都没有寄出去。

在全国各地媒体和热心人的帮助下，2004年7月6日，湖南有关单位派人赶到江苏省铜山县柳新镇陈塘村，将家乡的泥土和清泉洒在了刘守玫的墓前，同时准备将刘守玫的遗骨迁回湖南。为了表达对湖南抗日女兵的敬重之情，徐州当地政府举行了隆重的送别仪式。同年9月18日，湖南长沙革命烈士陵园举行了立碑仪式。

2005年，在中央电视台《半边天》栏目的帮助下，刘守玫的故乡终于被查清了，那就是湖南常德汉寿县新兴乡军刘村。在军刘村刘氏族人的强烈要求下，湖南长沙革命烈士陵园最终同意将刘守玟的遗骸移交故里。

英雄已逝，幽思长存。

参考文献

1. 龙耳东. 战地花飞［M］. 北京：西苑出版社，2012.

2. 王祥. 台儿庄大战纪念馆故事［M］. 南京：南京出版社，2015.

3. 中国博物馆协会纪念馆专业委员会. 中国纪念馆珍贵文物故事［M］. 北京：中共党史出版社，2018.

12. 姜墨林

激战沙场人未还，但留浩气满乾坤

姜墨林，东北抗联小英雄，1921 年出身于黑龙江省宁安县红土墙村一户贫苦农民家庭。由于父母早亡，姜墨林与哥哥相依为命，从小就饱尝了旧社会的辛酸。在党的教育和培养下，他毅然走上了抗日救国道路。11 岁时，他参加了中国共产主义儿童团，13 岁时加入了绥宁反日同盟军。1940 年，在与日军的战斗中，他为了掩护战友撤退被围，宁死不当俘虏，将子弹射入了自己的胸膛，牺牲时年仅 19 岁。

1931 年“九一八”事变后，日军的残酷暴行和肆意掠夺给东北人民带来了深重灾难。整个东北陷入了一片水深火热的境地。

姜墨林是东北一户贫苦农民家庭的孩子，从出生的时候起，就生活在日军的蹂躏之下。他幼小的心中早已充满了对侵略者的仇恨，同时也产生了抗日复仇的愿望。

1932 年，刚满 11 岁的姜墨林参加了中国共产主义儿童团。机智勇敢、聪明伶俐、积极上进的他很快成为一名优秀的儿童团团员。虽然他个子不高、身体瘦弱，可是工作起来从不落后于别人。无论情况多么危险、任务如何艰巨，他都能出色地完成。他还经常以唱歌、跳舞的形式，向当地群众宣传抗日救国，号召大家团结起来，共同抗击侵略者。

姜墨林的抗日活动很快引起了宁安县境内日军和汉奸的注意。他们派人到处搜捕姜墨林。

1934 年春，地下党组织派人来找姜墨林，询问完工作情况后对他说："敌人现在四处抓捕你。以后你可要更加小心呢！"

"想要抓住我，可没那么容易！"姜墨林一笑，调皮地回答道。

为了保护和培养姜墨林，地下党组织决定把姜墨林调入游击队。这一年，13 岁的姜墨林参加了党直接领导的绥宁反日同盟军，正式成了一名光荣的抗联战士。当他兴冲冲地来到部队报到时，战士们看到来了一个这么小的战友，便私下议论："这个小孩子都没枪高，能打仗吗？"

听到这些议论，姜墨林难过极了。但他什么话也没说，心里暗下决心："我一定好好训练，英勇杀敌，不能被人看扁！"

经过一番勤学苦练，姜墨林的射击成绩有了显著提高，还学会了写便条和一般书信。有一次，他跟随队伍到镜泊湖北面的杨胖子沟执行任务时，与日军交上了火。战斗一打响，他像个小老虎似的，勇猛地冲向敌人最多的地方，找到一块大石头做掩体，瞄准敌人，稳扣扳机，砰的一声枪响，就打死了一个日本兵。面对远处冲过来的日军军官，他眼疾手快地投出了一颗手榴弹，炸得日军军官血肉横飞。

战斗结束后，战士们都对姜墨林竖起了大拇指，从此对他刮目相看。在部队召开的评功会上，战士们热烈地议论着。这个说"姜墨林个子小，胆子大"，那个讲"第一次参加战斗就如此出色，真是后生可畏"。

此后，姜墨林又参加了多次战斗。在炮火的洗礼中，他逐渐成长为一名真正的抗日战士。

1935 年年初，由于姜墨林在战斗中表现突出，他光荣地成了一名中国共产主义青年团团员，并被调到二军四师四团的青年义勇队任小队长。

担任小队长后，姜墨林对自己的要求更严格了。训练时，他总是最刻苦的一个；打仗时，他总是冲锋在前；同时，他还非常关心自己的队员。他用自己的实际行动证明他是一个称职的小队长。

1935 年 12 月下旬，日军集结了重兵，对抗日游击区进行疯狂"大讨伐"。为了转移敌人的目标、分散敌人实力，姜墨林所在的教导大队奉命突袭双河镇。姜墨林所在的青年义勇队被选入突击队，姜墨林则担任突击队队长，负责摧毁东关敌军的据点。

姜墨林接受任务后，率领突击队在风雪交加中急速行军了两天两夜，第三天拂晓前到达了双河镇。他们顾不上行军劳累，抓住拂晓前的有利时机，立即投入战斗。当他们靠近敌人据点的铁丝网，正要破网而入时，突然被敌人发现了。顿时，碉堡里枪声齐鸣，照明弹腾空而起，当场就有几名战士牺牲了。姜墨林当机立断，命令小队分成三组，从几个不同的方向扒雪洞继续向敌人碉堡逼近。当离碉堡只有 10 米远的时候，姜墨林从雪洞中第一个跳出来，以迅雷不及掩耳之势，将一捆手榴弹拉燃导火索后塞入碉堡枪眼。只听轰的一声，敌人机枪哑了。姜墨林对着敌人大声喊道：“快投降吧！是中国人就别为日本人卖命，把枪放下！”这话果然起了作用，据点里的伪军听到喊声，纷纷扔下枪逃出了据点。后面的部队乘机冲了上来，占领了东关据点。其他几个据点的敌人见东关失守，便望风而逃。突击队顺利攻下了双河镇。

1937 年冬，由于日军的疯狂“讨伐”，抗日联军的处境非常艰难。由于物资匮乏，许多战士病倒了，形势非常严峻。为了解决粮食和冬季衣服的紧缺问题，指挥部决定派姜墨林率领小分队去筹集粮食、棉花和布匹。

姜墨林受命后，仔细谋划了一番，采取了灵活的办法：他把钱分发下去，发动老爷爷、老奶奶、儿童买棉花、布匹等物品，再把这些物品零零散散地带出城外并送到指定地点。不到一星期，小分队就筹集到上千斤棉花、一百多匹棉布，还有一些棉鞋和其他物品。一切准备好以后，姜墨林便率领小分队准备将所有物资火速运到抗联营地。

小分队在返回营地途中，突然一队日军骑着马从后面追了上来。姜墨林冷静地命令道：“运输队继续前进，骑兵随我断后。”接着，他又有条不紊地指挥道：“这里树林很多，正好可以打伏击战。同志们，先把战马藏好，然后在路边埋伏。”

不一会儿，日军来了。等敌人走近了，姜墨林果断地大喊一声：“打！”敌人被打得措手不及。这时天色已晚，敌人也摸不清对方的实力，只好停止追击，撤退了。

经过连夜赶路，第二天小分队到达了营地，顺利地完成了任务。指挥部的领导感叹道："这真是一个奇迹！"

1940年深秋，由于斗争需要和组织安排，姜墨林率领部队到绥芬河大青山一带开辟游击战场。在行军途中，他们得知镇南有一个驻守了20多名日本兵的据点。一天深夜，他们乘敌人不备，袭击了这个据点，不到半个小时，就全歼了据点里的敌人。

敌人主力部队得知镇南据点被摧毁的消息后，十分恼怒，派出大部队连夜向姜墨林小部队追赶过来。姜墨林果断改变转移方向，率队直奔东宁县南部山区。但当部队到达二十八道河子时，被敌人包围在了河谷里。姜墨林临危不乱，非常冷静地指挥战士们突围。

战斗打响了。由于敌我实力悬殊，姜墨林烧毁了文件，扔掉了行李，准备背水一战。他指挥战士们勇猛地反击。战斗进行得异常惨烈。终因寡不敌众，姜墨林身边的战士一个个倒下了，最后只剩下他和另外三名战士。

姜墨林一边狠狠地向敌人射击，一边命令身边的战士："你们三个人马上突围出去，回去报告总指挥！这里由我顶着。"可是一个人怎么对付得了那么多敌人呢？战士们都不肯丢下姜墨林，都要求留在阵地。姜墨林见他们不走，大声吼道："必须服从命令！现在没时间了，你们快走，谁也不许留下！"这时，敌人的一颗子弹打在姜墨林腿上。他猝然倒下了，鲜血染红了身下的土地。他一面冷静地架起机枪向敌人扫射，一面厉声喊道："你们快撤退！这是命令！"三名战士没有办法，只好眼含热泪，沿着一条水沟向外跑去。三名战士在突围途中，有一人牺牲，另外两人冲出了敌人的包围圈，回到了总部。

见战友已经安全突围，姜墨林心里没有任何负担了。他手持机枪不停地扫射，把敌人打得血肉横飞、尸横遍野。关键时刻，机枪子弹打光了。他又迅速从腰里掏出了20响盒子枪，对准冲上来的敌人，一枪一个，一连打死了好几个敌人。敌人越来越近，而他枪里的子弹越来越少，最后枪膛里只剩下一颗子弹了。几十个敌人乘机冲到了他的跟前，把他团团围住。姜墨林咬紧牙关，忍着剧痛从地上爬起来，环视四周的敌人，心想：“宁死也不能让敌人抓住。”只听见一声大笑，接着一声枪响，姜墨林扣动扳机，把最后一颗子弹射进了自己的胸膛。就这样，这位年仅 19 岁的小英雄壮烈地牺牲在抗日救国的阵地上。

姜墨林牺牲后，敌人在他的衣兜里只找到了一张纸条，上面写着：“中国共产党万岁！抗日救国胜利万岁！”日军看后，残忍地将姜墨林的遗体抛入了湍急的二十八道河。

小英雄姜墨林的一生虽然短暂，却是可歌可泣的。他的忠魂必将与山河共存！

参考文献

1. 周保中. 抗日小英雄姜墨林［M］. 南新宙，记. 哈尔滨：北方文艺出版社，196C.
2. 霍燎原，于文藻，吕永华. 东北抗日联军第二军［M］. 哈尔滨：黑龙江人民出版社，1987.
3. 黄涛，史立成，毛国强. 中国共产党抗日英雄传［M］. 北京：解放军出版社，2005.

13. 郭滴海

心思缜密斗敌军，机智勇敢战强敌

郭滴海，福建省龙岩县龙门镇湖一村人。其哥哥郭滴人、姐姐郭明英都是革命者。郭滴海从小就化装成乞丐为红军侦察情报，多次出色地完成任务。1938 年，他被编入新四军二支队，1941 年牺牲，时年 20 岁。中华人民共和国成立后，张爱萍同志写了《侦察英雄郭滴海》一文纪念郭滴海。

郭滴海，1921 年出身于福建省龙岩县龙门镇湖一村的一个普通农民家庭。他的哥哥名叫郭滴人，是中共闽西特委的宣传部部长，也是闽西红军和革命根据地的主要创建人之一。他的姐姐郭明英是共青团闽西特委的宣传干事。郭滴海生在这样一个革命家庭，从小就跟随哥哥生活在部队之中，耳濡目染，懂得了许多革命道理。

小小年纪的郭滴海，有着黝黑的脸蛋，矮矮胖胖的，长得很结实，平时不爱说话和活动，看上去呆头呆脑的样子，但他其实是一个心思缜密、聪明伶俐的孩子。

有一次，部队在夜间仓促转移，一时之间怎么都找不到郭滴海，原来他睡在了一间满是稻草的草房里。第二天，敌人包围了村庄。正在睡觉的郭滴海被敌人抓到了。

敌人冲他嚷道：“你是红军的侦探吗？”

“不不……俺是要饭的……”郭滴海装作结结巴巴的样子说道。

敌人大喝一声：“快说实话！”

旁边另一个敌人撺掇道：“拉出去毙了，看他说不说实话。”

郭滴海坚持说道：“毙了俺，俺也是要饭的……”同时还装作可怜兮兮的样子望着敌人。

郭滴海平时不太讲卫生，总是穿着一身破衣服，补丁套补丁，而且弄得满身污黑、脏兮兮的，头发像茅草一样乱糟糟地顶在脑袋上，看起来真的像一个叫花子。敌人仔细打量了他一番，也就没再怀疑，把他放了。

从此，郭滴海将计就计，装成小叫花子跟着敌人的部队，夜里就睡在草堆上。时间长了，敌人就不太注意他了。有一天，郭滴海趁机溜出了村子，在红军的驻地附近碰到了红军的侦察员，就立即把自己知道的情况都告诉了侦察员。侦察员把消息带回部队，部队很快就消灭了这群敌人。

后来，红军把郭滴海带回了驻地。大家都夸他有本事、有胆量，算是一个小侦察员了！

从此，郭滴海就干起了侦察工作，常常装作小叫花子去探查情报。只见他提着破篮子，拿着破碗，挨家挨户地乞讨，一边乞讨，眼睛一边骨碌碌地转，仔细地探察敌人的情报。

这天，郭滴海又拎着破篮子，拿着破碗去要饭。要着要着，忽然一个敌人冲上来揪住了他，差点把他提了起来。敌人破口大骂道：“小兔崽子！你是红军的探子吧！给我抓起来！”几个敌人上来把郭滴海抓住并押到了一间屋子里，然后开始审问。

“说！你是不是红军的探子？”

郭滴海装糊涂：“什么是探子？俺只是一个要饭的……”

“少给我装傻。我观察你几天了。我们部队转移到哪你就跟到哪。你不是探子是什么！”

郭滴海知道自己跟踪敌军的行动被发觉了，于是转而说道：“你们走到哪，哪里的老百姓就跑光了。只有跟着你们走，俺才能要到饭啊！俺这也是没办法……”他又装作可怜和害怕的样子望着敌人。

敌人们想想也有道理，就相信了郭滴海的话。其中一个敌人一脚踢在郭滴海的屁股上并骂道："赶紧给我滚！"

郭滴海迭声说："俺这就滚，俺这就滚……"说着迅速把泼在地上的饭用手扒拉到破碗里，然后大踏步走出了屋子。

郭滴海一直跟着敌人的部队，时间长了，他也跟敌人混熟了。敌人不但不再怀疑他，还逼迫郭滴海利用叫花子的身份给他们当探子。就这样，郭滴海以敌人探子的身份为红军搜集到了不少的情报。

有一次，郭滴海从敌人口中得知，他们有一个营在上杭、永定两县交界的抗日根据地安上了据点，正日夜修筑碉堡和工事。郭滴海立即把这个消息报告给了县苏维埃政府主席，好让八路军尽早准备打垮敌人的这个据点。

可是不巧的是，当时红军的主力都在外地作战，仅留了一个独立团的兵力在当地，要打垮敌人的一个营有一定的难度。为了减少损失并顺利打垮敌人，县苏维埃政府主席和独立团决定采用"引蛇出洞"的诱敌出战策略，把敌人引出老巢，然后伏击歼灭，而郭滴海就负责引诱敌人出战。

这是一个艰巨的任务。郭滴海牢牢记住了部队首长交代的诱敌方法、伏击地点、时间、信号等重要信息，然后就回到了敌人的老巢。

大半夜，郭滴海气喘吁吁地跑到敌人的营部报告道："长官，不好了，俺刚才看到八路军有五六十人到了前面的村子，然后分散住下了！"

敌军营长半信半疑地说道："你再去看看，看红军走了没，有新情况回来报告。"

郭滴海不情愿地说："俺刚才回来的时候已经被红军的哨兵发现了，现在哪敢回去啊。这不是送死嘛……"

敌军营长又问了他村子距离此地多远、红军有多少枪等问题，郭滴海按照红军团长的交代都一一做了回答。为了让敌人上当，郭滴海又说道："俺可以带路！"

敌人相信了他的话，不一会儿就整装待发了。郭滴海走在前面。敌人说道："你小子要是敢带错路，小心脑袋！"接着又补充了一句："带好了，赏你十块大洋！"

"唉唉……"郭滴海连声应道。

夜色笼罩着大地，敌人的部队鸦雀无声地前进着。郭滴海快步走在前面，想赶在天亮之前把敌人带进红军的埋伏圈。不一会儿，郭滴海看到前面约定地点的岩石堆和密林丛中有微微的人影闪过。他知道是红军埋伏好了。接着，他忽然风一样地窜进了旁边的灌木丛，一边大喊着："打呀！打呀！"

敌人知道上了当，慌忙向灌木丛中开了几枪。就在这时，四下里响起了红军的枪炮声。敌人被打得措手不及、屁滚尿流。整个寂静的山林瞬间变成了冲天的火海。红军进攻的冲锋口号"杀呀""缴枪不杀"响彻山林。

在红军独立团猛烈炮火的围攻和勇猛的冲锋之下，敌人狼狈不堪、乱成一团，死的死、逃的逃，还有的干脆趴在地上等着红军去缴械。才几十分钟的时间，这两百多名敌人就被英勇的红军降服了。

天色已经大亮，红军开始收拾战场，可是大家无论如何都找不到郭滴海的身影，于是焦急地分头寻找。终于，他们在灌木丛的乱石堆中发现了昏倒在地的郭滴海。他满身都是伤痕，胳膊上还流着鲜血。县苏维埃政府主席冲上前去把郭滴海抱在怀里，感动地流下了眼泪。他找来军医给郭滴海包扎了伤口。郭滴海渐渐苏醒过来。他看到身边都是红军战士，知道战斗胜利了，于是开心地笑了起来。接着，战士们轮流背着郭滴海，押着被俘的敌人，满载而归。

郭滴海在这次战斗中立了大功。从此，侦察小英雄的英勇事迹就在闽西儿童团和少先队里流传开了。大家都争着向郭滴海学习。

1938 年，郭滴海被编入新四军。

1941 年，以蒋介石为首的国民党反动派背信弃义，置民族大义于不顾，执行"消极抗日、积极反共"的反动方针，制造了震惊中外的皖南事变。郭滴海和同志们在敌我力量悬殊的情况下英勇奋战，终因弹尽粮绝而战死沙场。

中华人民共和国成立后，张爱萍同志曾撰写文章《侦察英雄郭滴海》，以纪念这位为祖国奉献一生的小英雄，给全国的少年儿童做榜样。

郭滴海把短暂而宝贵的青春年华全部奉献给了民族的抗日解放事业。人民不会忘记他，历史也不会忘记他。他的名字被深深地镌刻在了祖国的丰碑上，永世长存！

参考文献

1. 钟绍劝. 侦察小英雄郭滴海［M］. 北京：中国少年儿童出版社，1964.

2. 共青团福建省委学校部，福建省少先队工作学会. 福建少年英雄谱［M］. 福州：福建人民出版社，1983.

14. 杨来西

不惜流尽一腔血，誓报深似血海仇

杨来西，是抗日战争时期的一位小英雄，1927 年出生于上海浦东。上海沦陷后，他参加了共产党领导的敌后抗日游击队，经常化装成牧童，为游击队侦察敌情。1941 年冬，杨来西被敌人抓获，为保卫人民部队、争取抗战胜利英勇牺牲，年仅 14 岁，后被誉为“宁波的小兵张嘎”。

1937 年 8 月 13 日，日本发动了侵略上海的“八一三”事变，从此日军长驱直入。11 月，上海就被日军占领了。

上海沦陷后，日军到处烧杀抢夺，无恶不作。在杨来西的家乡到处都能见到日军在杀人。为了抵抗侵略者，杨来西的父亲参加了抗日队伍。可是在一次日军“大扫荡”中，杨来西的父母和弟弟都被日军残忍地杀害了。杨来西的家就这样没了。从此，他成了一个无家可归的流浪儿，心底也种下了仇恨的种子。

1940 年的一天晚上，杨来西正在一个里弄里睡觉，忽然听见几声狗叫。此时外面来了一队人马，领头的是一个高高大大的中年人，他就是中共地下党派驻浦东控制汪伪军十三师五十团三营的副营长胡俊。当胡俊看到有一个孩子在大街上睡觉时，就下马走过来叫醒了杨来西，并亲切地问道：“孩子，你叫什么名字啊？怎么一个人睡在大街上？为什么不回家睡呢？”

杨来西揉了揉眼睛，望着这位穿着八路军军服的叔叔说：“我叫杨来西。日本人把我们家都烧光了，我没地方去了。”

“那你爹娘呢?”胡俊接着问。

“他们都被日本人害死了……”杨来西说着就哭了起来。

胡俊怜爱地摸摸杨来西的头，把他抱在怀里，说：“那你跟着我们部队，一起打日本人吧。”

杨来西用衣袖擦干了眼泪，然后扬起头说：“八路军叔叔，我会打弹弓，还会摔跤。我跟着你们吧。我要为爹娘报仇!”

胡俊知道杨来西很喜欢狗，就让他在部队里喂军犬。

有一次，杨来西背了一只竹筐，带了一把镰刀，装成一名小牧童，去给部队刺探军情。当他来到日军的驻地相公殿侦察时，看到日军喝得醉醺醺的，还不时地打着饱嗝向这里的保长索要粮食。杨来西若无其事地放下竹筐，装成休息的样子，暗地里将日军的人数、武器情况都默默地记在了心里。之后，他飞速跑回部队，将这些情况报告给部队领导。部队领导得到这一情况后，仔细研究了一下，便指挥部队埋伏在半路上准备伏击回庵东的日军。由于杨来西的情报非常准确，部队打了一次漂亮的大胜仗，还缴获了敌人不少武器。

1941 年 4 月，杨来西跟随朱人俊部队坐船从浦东南渡杭州湾到了三北。在那里，他们得到了新四军队长姜文光等人的帮助，参加了浙东敌后抗日根据地的建设。在与敌人开展游击战争的过程中，杨来西成为三北自卫总队侦通班的一名战士。

1941 年 10 月 22 日，杨来西所在部队与日军在横河发生激战，但由于敌我实力悬殊，部队损失惨重，姜文光等 20 多名战士牺牲了。杨来西和其他战士拼死突围，突破日军封锁线，跑到道路头办事处报告情况，并带领办事处同志将横河战斗中牺牲的战友遗体收殓好。

这时抗日战争进入非常艰苦的阶段，日军对浙东的控制不断加强，抗日游击队损失惨重。1941 年冬，游击队一批伤员在四明山上养伤。杨来西被组织派来负责照料他们。除了给伤员包扎伤口、换洗绷带外，杨来西还经常冒险下山买药，有时从老乡那里买来鸡蛋给伤员补充营养。

有一次，部队的药品用完了，急需大量的盘尼西林。杨来西主动请示领导让他去买。这天一大早，他带着一条军犬下山，来到一个小镇，通过那里的地下党员的帮助，顺利地买到了盘尼西林。

药买好以后，杨来西就马不停蹄地往回赶路。当他走到一个岔路口时，远远地看见了日军的纠察队。杨来西灵机一动，赶忙把裤腰带解了下来。他要干什么呢？原来他要把药品紧紧地拴在军犬身上，让它先回去。他摸了摸军犬的脑袋，拍拍它的屁股。军犬似乎很懂事，箭一样向四明山方向跑去。

日军纠察队过来时，杨来西装作在路边拉屎。一个日本兵看一个小孩蹲在那边，就嚷嚷道：“干什么的？”

杨来西眨巴着眼，结结巴巴地说：“拉屎呢，我实在憋不住了！”

日本兵朝路边的草丛一甩头，厌恶地说：“一边去！”

杨来西赶忙抬起屁股，飞快地跑到了小路上，趁日本兵不注意，向四明山方向撒腿就跑。到四明山以后，他走到茅屋门口，发现那条军犬还在门口呢。看来不等主人回来，它是不会进屋的。

尽管药品买回来了，但在山上，由于日军围困，部队没有充足的粮食，伤员的营养跟不上，伤口还是愈合得很慢，许多战士都面黄肌瘦。杨来西看在眼里，疼在心里。为了给伤员们增加营养，让他们的身体尽快复原，他决心下山去买些食物。

此时正值初冬时节，一到下午外面就刮起大北风来。瘦弱的杨来西穿着小破袄在山路上走着，被风刮得往前跑。不一会儿，杨来西就来到了镇上。他买了些鸡蛋，又买了些烧饼，心里还盘算着晚上怎么给伤员们做饭。

买好了以后，杨来西用布把篮子盖得严严实实，然后提着篮子急忙往回赶。这时风越刮越大。杨来西低着头、眯着眼、顶着大风往前走。走到岔路口时，他突然看见前面来了几个日本兵。

杨来西心想：“完了，碰上日本兵了。鸡蛋怎么办？”他又抬头看了一下，还不止一个日本兵，是一队日本兵。还在犹豫时，日本兵已经走到了他跟前。

走在前面的日本兵用刺刀指着杨来西说：“你是干什么的？”

杨来西清了清嗓子，干脆地回答：“来山上拾草的！”

“篮子里装的是什么？”那个日本兵上来用刺刀挑开盖在篮子上的布检查起来。

一看见是满满一篮子鸡蛋，日本兵马上警觉起来。

“鸡蛋？你是……小八路？”日本兵将刺刀架在杨来西的脖子上问道。

杨来西一看日本兵怀疑他了，就闭口不答。

“快说，八路的伤员在哪里？”日本兵看杨来西像没有听见他说话一样，就用枪托狠狠地砸杨来西的肩膀。

杨来西忍着剧痛说：“不知道！”

日本兵气得上来就一脚，踢在杨来西的肚子上。年幼的杨来西没站住，一下摔倒了。满篮子的鸡蛋都洒在地上。杨来西心疼地还想把没破的鸡蛋往篮子里捡。这时，狠毒的日本兵过来照着鸡蛋一脚一脚地踩，连杨来西的手都被踩肿了。

杨来西挣扎着爬了起来，看着这些杀人不眨眼的日本兵，脑海里浮现出了自己家人被日本兵杀害的惨景，双眼喷出怒火，真想和这些日本兵同归于尽。但是，他不能这样做，不能和日本兵硬拼，得想法子把日本兵引开。

于是，杨来西又装作可怜的样子，向这些丧心病狂的日本兵求饶，说：“你们饶了我吧。我知道八路军的伤员在哪里。我带你们去找。”

日本兵又踢了他一脚，说：“快点带我们去，小兔崽子，敢耍花样，我就一枪毙了你！”

杨来西带着这群日本兵来到了一座山峰上。他一瘸一拐地走到一处悬崖边，指着下面说：“就在那边，你们看……”

日本兵们都朝着杨来西指的方向看去。杨来西趁这个机会，一把抓住刚才踢他的那个日本兵的腰带，和那人一起纵身跳下了悬崖。

到了傍晚，四明山上的战士们看杨来西还没回来，以为他被日军抓去了，就派了两名战士出去打探情况。在山路上走着走着，忽然，两名战士看见路上撒了一地摔破的鸡蛋，还看见许多血迹，知道杨来西多半是遇害了，于是顺着血迹往前找，最后找到了悬崖上。后来，他们来到山脚下时，发现了杨来西的尸体。杨来西的脸上依然保持着愤怒的表情。战士们伤心地流下了眼泪。

杨来西的事迹在部队传开了。大家都非常敬佩他。他为了保卫人民的抗日部队，为了抗日战争的胜利，不畏强暴，英勇不屈，最后献出了自己仅仅 14 岁的生命。

一个年仅 14 岁的少年，生命是那么短暂，但他留给世人的东西是那么绵长。他的英雄事迹激励着千千万万的后来人为革命事业而不懈奋斗。他为国捐躯的革命精神与祖国山河融在一起，永世长存。

参考文献

1. 宁波市新四军研究会. 抗日小英雄杨来西［M］. 宁波：宁波出版社，2005.

2. 本书编委会. 新四军中上海兵［M］. 上海：上海文艺出版社，2007.

15. 王二小

血染夕阳分外红，情动人民代代传

王二小，1928 年出生于河北省涞源县上庄村。1940 年，因父母双亡、家中无亲而离开所在的村子投奔八路军。当年 5 月到大户人家里放牛，当起了放牛娃，同时加入儿童团。1941 年，为了保护乡亲们和伤员、掩护八路军的后方机关，他挺身而出，把敌人引入了八路军的包围圈，后被恼羞成怒的敌人残忍杀害，年仅 13 岁。

牛儿还在山坡吃草，
放牛的却不知哪儿去了。
不是他贪玩耍丢了牛，
那放牛的孩子王二小。
九月十六那天早上，
敌人向一条山沟扫荡，
山沟里掩护着后方机关，
掩护着几千老乡。
正在那十分危急的时候，
敌人来到这个山口，
昏头昏脑地迷失了方向，
抓住了二小要他带路。
二小他顺从地走在前面，
把敌人带进我们的埋伏圈，

四下里乒乒乓乓响起了枪声，
敌人才知道受了骗。
敌人把二小挑在枪尖，
摔死在大石头的上面，
我们的十三岁的王二小，
英勇地牺牲在山间。
干部和老乡得到了安全，
他却睡在冰冷的山岭，
他的脸上含着微笑，
他的血染红蓝的天。
秋风吹遍了每个村庄，
它把这动人的故事传扬，
每一个老乡都含着眼泪，
歌唱着二小放牛郎。

这是一首我们耳熟能详的民歌《歌唱二小放牛郎》。这首民歌被人们传唱了几十年，歌中的故事也影响了几代人。故事中的主人公，也是我们这篇文章的主人公，他的名字叫作王二小。

王二小，原名王朴，1928 年 1 月 22 日出身于河北省涞源县上庄村的一户贫苦农民家庭。王二小的家乡是八路军的敌后抗日根据地，因此常常受到日军的“扫荡”。他的父亲被日军的炮弹炸死，母亲被活活饿死，哥哥又因受到日军的压迫而逃跑了，所以家里只剩王二小一人。

1940 年春的一天，年仅 12 岁的王二小走投无路，为了躲避日军的追捕，带着对日军刻骨的仇恨连夜赶路去寻找八路军。一路上不知跌了多少跤、摔了多少跟头。他晚上睡山洞，白天在野外要时时躲避野狼的追赶，还常常冒着暴雨赶路，难得吃上一顿饱饭。这年 5 月的一天，历尽了千辛万苦的王二小终于因饥渴和疲劳昏倒在路边。

这天晚上，开完会回来的狼牙口村农会主任高林山发现街边躺着一个昏迷的孩子，于是赶紧把这孩子抱回了家。到了家里，他让妻子熬了一碗姜糖水给孩子喝，还给孩子换了衣服。王二小终于恢复了一点精神。高林山问他：“孩子，可醒过来了。你叫啥名字啊，从哪儿来？”

“俺叫王二小，住在六区上庄。日军打死了俺爹，俺娘被饿死了，哥哥被日军逼着做苦工逃掉了。俺家就剩俺一个……”王二小说着，难过得哭了起来，“俺要找八路军，为俺爹、俺娘报仇！”

高林山安慰王二小道：“这里是巩固区，俺们农会会照顾你的。”

不久，高林山安排王二小给一户刘姓的大户放牛以谋生。从此王二小成了一名放牛娃。

当时中国共产党晋察冀军区一分区独立师老一团的骑兵连就驻扎在这一带，因此当地成立了儿童团。王二小积极地加入了儿童团，成为一名小小儿童团团员。他和小伙伴们一起操练，查看过路行人的路条，一边放牛，一边为八路军站岗放哨、传递情报。儿童团还有自己的团歌：

我们是儿童团员，
我们为抗日站岗。
手握着红缨枪呀，
哪怕那个风雨狂！
你要想过路么？
请你拿出路条！

1941年11月4日（农历九月十六日），王二小正在狼牙口村狼牙沟门外的山坡上放牛，忽然看见不远处有一队日军。他们是趁着八路军兵力派往别处、此处兵力空虚来“扫荡”的。此时山沟里隐蔽着八路军的后方机关和伤员，还有不少乡亲，万一被日军发现，不仅八路军的后方机关会受损，乡亲们和伤员也会遭殃！可是日军已经离得这么近，现在回去报告已经来不及了。王二小看在眼里、急在心上。忽然他脑袋里灵光一闪。为了保护后方机关和群众，八路军的骑兵连早就埋伏在石湖旮旯的石岭子上。要想保护后方机关和乡亲们，方法很简单，只要把日军引入八路军的埋伏圈就可以了！

这一瞬间，王二小想到的只有乡亲们的安危，而把自己可能面临的危险置之度外。他故意暴露在敌人的视线之下。日军果然发现了王二小。他们现在正晕头转向不知往哪条路上走，正巧碰见王二小，于是把他抓了过来问路。

日军队长急忙问道：“小孩！你的……干什么的?”

“俺是放牛的!”王二小镇静地回答道。

日军队长接着问：“我问你……八路的……在哪里?”

“俺是放牛的，俺啥也不知道!”王二小装得像个傻子一样答道。

“你的……老实交代……给你金票，不然……死啦死啦的!”

王二小装作很害怕的样子，颤抖着说：“不要杀俺。俺说俺说……俺今天看见了，有不少八路开到南方的马庄子去啦。”

日军队长两颗眼珠子骨碌一转，说：“小孩……不要……说谎!”

王二小机智地与他周旋：“俺没说谎。您饶俺一条小命吧!”

日军队长狡猾地说道：“你的……带路!”

狼牙沟门往东是乡亲们和伤员及八路军后方机关所在的范庄旺村，王二小则带着日军往相反的方向走去。这是一条死路，山谷尽头是高高的立崖。立崖直上直下，如同被刀劈过一般。怀着舍生忘死的念头，王二小把敌人引向了八路军埋伏的石湖旮旯。

河滩上有许多大小不一的石头，坑洼不平。几个日本兵一不小心就摔倒在地，跌得龇牙咧嘴。他们哇啦哇啦地叫道：“小孩！你的……带的是……什么路!”

王二小撇嘴道：“只有这一条路了!”暗地里却因为看到日军的狼狈相而欢喜不已。

日军跟着王二小大摇大摆地进了山沟。说时迟那时快，看到日军进了伏击圈，个个又疲惫不堪，王二小机灵地从山脚往山上跑。正在这时，石岭子上的八路军骑兵连吴连长砰的一枪打死了正用枪瞄准王二小的日本兵。在他的指挥下，几颗子弹嗖嗖地蹿出来。几个日本兵应声倒地。接着，四下里响起了八路军的枪炮声。日军被打得措手不及。他们有的朝山上开枪，可是由于射程太短，子弹发挥不了作用；有的往山上扔手榴弹，可是由于山壁太高，手榴弹被弹了回来，日军反倒被自己的手榴弹炸得人仰马翻……

日军队长气急败坏地叫道："上当！上当！"

此时，王二小已飞快地跑到了一块大石头旁。日军队长急忙追了上去，举起洋刀朝王二小砍去。第一刀砍掉了王二小右手的五根指头，第二刀刺在了王二小的胸膛之上。残忍的日军队长还把瘦弱的王二小用刀挑起来摔到了大石头上。王二小的殷殷鲜血流了出来，染红了身下的石头。

不一会儿，八路军就把这一队日军收拾了。他们冲下山来，扑到了王二小的身边，此时王二小还有气，于是大家把王二小和另外两位受伤严重的八路军战士抬到了刘家庄。可是最后因为伤势过重，三人先后与世长辞了。就这样，年仅 13 岁的放牛娃王二小永远地长眠在了刘家庄的深山老峪里！

王二小牺牲之后，他的英勇事迹传遍了解放区的每个村庄。几乎每个乡亲都为王二小的行为感动落泪。当时在晋察冀边区工作的文艺战士方冰和李劫夫听闻此事，也不禁唏嘘感慨。他们为了纪念这位年仅 13 岁的小英雄，仅仅用了半天的时间就合作创作出了一首缅怀王二小的歌曲——《歌唱二小放牛郎》。这首歌以叙事的手法介绍了二小的感人事迹，从此在各地传唱。

在那个战争年代，小小年纪的放牛娃王二小就有如此过人的气魄和胆识。今天的我们，要以英雄为榜样，好好学习他们英勇不屈的精神和为了祖国、为了人民甘愿奉献一切的动人品质！

英雄已逝，英名永存！

参考文献

1. 邢野. 王二小放牛郎［M］. 北京：中国少年儿童出版社，1963.

2. 陈模. 少年英雄王二小［M］. 石家庄：河北少年儿童出版社，2002.

16. 张晶麟

巾帼英烈胜须眉，满腔热血证丹忱

张晶麟，1926年出身于山东荣成县俚岛区青安屯村一户贫苦农民家庭。在日本侵略者入侵中华大地之时，她积极地加入了抗击日本侵略者的队伍。1941年，为掩护群众撤退，张晶麟不幸被捕后牺牲，年仅15岁。后被当地群众誉为“刘胡兰式的巾帼英雄”。

张晶麟出生在烽火连天的岁月，迎接她的就只有贫穷和苦难。父亲在她出生前两个月被贫困和疾病夺走了生命。当时家里穷得连棺材都买不起。母亲是个勤劳坚强的农村妇女，全家依靠她辛勤耕耘村子附近的一亩贫瘠的山岭薄地和给本村小学教员做饭赚取的微薄收入勉强维持生计。

张晶麟在艰难生活的磨炼下，养成了耿直、刚烈的性格。见到看不惯的事情，她总是敢于挺身直言。在旧社会，农民的生活很艰辛，一年到头都在辛辛苦苦地忙碌，但还是吃不饱、穿不暖，而地主一点活不干还能大吃大喝。每当看到地主欺负农民时，张晶麟都要出来管一管，大骂地主。

张晶麟10岁那年，村里办起了女子半日制学校。那个时候，穷人家的孩子尤其是女孩子上学是很少见的。为了让孩子多长见识，摆脱贫困的生活，张晶麟的妈妈咬紧牙关，宁愿自己多吃点苦、多受些累，也要节衣缩食地送女儿去读书。

上学以后，张晶麟没有辜负妈妈的希望，积极上进，学习非常勤奋。在课堂上，当老师给大家讲古代岳飞、文天祥等英雄的故事时，她总是瞪着一双大眼睛，听得很入神，回到家里还讲给妈妈听。热爱祖国、坚决抵御外强侵犯的英雄事迹如同滴滴甘露，滋润着张晶麟幼小的心田。从此，她暗下决心，一定要更加努力地学习，将来报效祖国。

1940 年 2 月，日军入侵了张晶麟的家乡。每次进村，惨无人道的日军都放火、杀人、洗劫财物，无恶不作。

一天中午，伪军中队长孙克文带领着一大队日本兵像猛兽一样闯进青安屯村。一时之间，村里一片混乱。村民们扶老携幼，哭叫着向北山逃命。凶恶的敌人首先放火烧了几户村民家的草房。浓烟笼罩着整个村子。接着，他们又残忍地杀害了张春生老汉和丁南、喜英等孩子。此外，日本军的马匹还任意地践踏田间的庄稼，并把村里的家畜、家禽和财物洗劫一空。

看着这惨不忍睹的景象，张晶麟恨不得冲上去跟日本人拼命，但是理智告诉她，现在还不是报仇的时候。她咬牙切齿地说："总有一天我会让你们血债血偿的!"

第二天，张晶麟便找到了村里的地下党支部书记张之诚，热切地要求加入村妇救会。张之诚觉得她是个好苗子，便批准了她的要求。

在党组织的培养和教育下，张晶麟很快就茁壮成长起来。她懂得了革命的道理，并积极从事抗日宣传工作，站岗放哨，工作十分投入，同时还努力学习文化知识，是全村妇女中的一名活跃分子。

1941 年 4 月初，经张之诚推荐，张晶麟被调到峨石乡担任自卫团团部干事。张晶麟接到调令后，热血沸腾，异常激动。在上任前夕，她对张之诚表示："我一定不辜负组织对我的信任。我一定会继续努力，出色地完成党和组织交给我的任务。"第二天晚上，张之诚根据指示带张晶麟到乡里报到。

峨石乡的环境十分恶劣，但张晶麟无所畏惧，总是没日没夜地走村串乡，仔细检查岗哨，认真组织妇女识字班的学习活动，教少年儿童唱革命歌曲，将工作开展得有声有色。

有一次，张晶麟在沟陈家村组织完妇女识字班的学习活动后，连夜赶回乡里参加“坚壁清野”秘密会议。走着走着，她忽然发现前面隐隐约约地有一队人马在移动，就立即谨慎地上前去观察情况。当她发现是敌人时，立刻意识到在乡里开秘密会议的同志有危险。于是，张晶麟抄近路飞速赶往乡委所在地报信。由于张晶麟的及时通知，随后赶到的敌人扑了个空。

虎础寺地势险要，日军和伪军一直想利用这座寺庙作为自己的军事据点。如果敌人的阴谋得逞，那么荣成县与中部各地区及旁边的威海地区的联络将会被切断，峨石乡委的抗日斗争将会更加艰难。

荣成县委仔细研究之后，将拆除虎础寺的任务交给了峨石乡委。峨石乡委接到县委指示后，立即准备组织群众拆除虎础寺。张晶麟听到消息后，马上找到乡委书记鞠同善，说：“让我去吧。我在这里的工作时间长，对这里的环境很熟悉。”

鞠书记被张晶麟恳求的目光打动了，但是想到她的年龄太小，还是有点不太放心，说：“这次的任务可是非常艰巨啊，是一个严峻的考验。”

张晶麟马上回答道：“如果让其他同志去，他们还是得找我熟悉情况。希望组织能够把这个任务交给我。”

鞠书记考虑到张晶麟机智勇敢，每次都能将上级的任务出色地完成，而且她也有很好的群众基础，便说：“好吧，那就把任务交给你。组织相信你一定能够出色地完成！”

张晶麟很高兴上级把这次任务交给她，于是连夜和其他几名同志分头到附近几个村庄发动和组织群众，讲明拆除虎础寺的重要性。在他们的动员和劝说之下，许多村民都积极地参加。

会议结束后，张晶麟又发动村里的妇女们为拆庙的群众准备干粮。直到深夜，她才拖着疲惫的身体回到乡委驻地。

第二天（农历七月二十七日）拂晓，张晶麟和干事小黄没顾得上吃早饭，揣着一块玉米饼子，就匆匆地赶到了虎础寺。不一会儿，拆寺的群众也带着铁锹、镐头等从四面八方匆匆赶来。在张晶麟和干事小黄的指挥和带动下，大家热火朝天地干起来。正在大家干得起劲的时候，突然，远处传来一阵阵枪声，还伴着喊叫声："别让共产党跑了。"

由于汉奸告密，驻扎在俚岛据点的日伪军得到消息后，立即派了大批人马过来，气势汹汹地包围了虎础寺，情况万分紧急。拆寺的群众慌乱起来，不知所措。

面对这突如其来的变故，张晶麟很快镇定下来，机智沉着地对小黄说："我先引开敌人。你赶紧带领群众突围出去。"

张晶麟边说边指挥村民们疏散突围。村民们很快就从边上的小路跑开了。张晶麟大喊"村长"，故意暴露自己。

一群敌人很快围了上来，张晶麟被捕了，但此时村民们已经脱险了。

张晶麟被捕后，敌人立即将她押到俚岛据点。当穿过俚岛大街时，两旁挤满了围观的群众。张晶麟脚步坚定、昂首挺胸，脸上毫无惧色，像一名凯旋的勇士一样。

日军已经从汉奸那里知道了张晶麟就是这次活动的组织者，想从她的口里套出党的机密。张晶麟被押到据点后，一个日本兵拿着皮鞭问她："你在共产党队伍里是干什么的？"

张晶麟大声说道："杀日本人、打日本人的活都干！"

日本兵听了非常气愤，对张晶麟动用了各种残酷刑罚。张晶麟被折磨得遍体鳞伤，一次次昏迷过去。凶恶的敌人妄想用严酷的刑罚撬开张晶麟的嘴巴，但是张晶麟并没有屈服。严刑拷打反而更加激发了她与敌人斗争到底的决心和勇气。

农历八月初一凌晨，黔驴技穷的敌人将张晶麟押到了俚岛东烟墩山上。张晶麟知道自己最后的时刻将要到来。虽然外面一片漆黑，就如同黑暗的社会一样，但是，张晶麟相信灿烂的朝霞并不遥远。走到一棵苍翠的松树下时，张晶麟艰难地支撑起伤痕累累的身体，露出一丝微笑，回顾一生，对自己所从事的革命事业感到无比骄傲。张晶麟高呼："打倒日本帝国主义！中国共产党万岁！"

刽子手举起了屠刀。党的好女儿张晶麟就这样牺牲了。这位只有15 岁的巾帼小英雄倒在了祖国大地的怀抱中。

张晶麟牺牲后，敌人把她的头颅挂在俚岛村示众。但敌人的残暴并没有吓倒已经觉醒的人民。英勇的荣成儿女前仆后继，义无反顾地踏上了救国之路。张晶麟的英名，就像刘胡兰一样，就像千百万革命烈士一样，将永远与日月同辉。

参考文献

1. 山东省荣成市地方史志编纂委员会. 荣成市志［M］. 济南：齐鲁书社，1999.
2. 中共烟台市委党史研究室，中共威海市委党史研究室. 辉煌的历程［M］. 北京：中共党史出版社，2001.

17. 任佩芬

滔滔串场英灵驻，尽使英雄泪满襟

任佩芬，1926年出身于安徽省泾县一个乡间教师家庭。抗日战争全面爆发后，随父辈积极参加抗日救亡活动，是茂林福群小学“学救会”的骨干。1941年安徽发生皖南事变，学校被迫停课，年仅15岁的任佩芬跟随父母参加新四军。后随新四军东进，北上盐城，被分配到青年服务团工作。1941年7月，十三中队中队长等在柏成音策动下叛变投敌。任佩芬不幸被俘，于押解途中愤然跳江，壮烈牺牲。

1926年，任佩芬出身于安徽省泾县一个乡间教师家庭。全面抗日战争爆发后，任佩芬随父辈积极参加抗日救亡活动，是茂林福群小学“学救会”的骨干，写标语、演节目、教唱抗日歌曲，样样带头。

1941年，安徽发生了震惊中外的皖南事变，学校被迫停课，年仅15岁的任佩芬跟随父母参加新四军，走上了革命道路。她入伍后，被分配在战地服务团工作。后随新四军东进，北上盐城，被分配到青年服务团工作。她是青年服务团中年龄最小的一名共产党员，但各项工作干得非常出色，多次受到领导和同志们的表扬。

1941年7月，盐阜区党委和盐城县委在芦沟寺举办了中学生夏令营。青年服务团改名为“夏令营服务团”。徐冰在该团担任党支部组织委员，而任佩芬为团员。在夏令营工作期间，她们积极向青年学生宣传抗日救亡道理。

7 月 20 日，敌人对盐城发动第一次大“扫荡”。夏令营被迫解散，服务团团员分别向芦沟寺东西方向转移。徐冰、任佩芬等 20 多人由胡叔度带领转移到十三区一带，在新收编的盐城县总队第四大队做政治工作，帮助战士学政治、学文化。

8 月 12 日深夜，徐冰、任佩芬所在的十三中队中队长李悦顺和张金悦等，在伪三十三师扩充营营长柏成音的策动下叛变了。他们将十三中队指导员闵学国用刀刺死，并开枪打死闵学国的通讯员，又随即逮捕了徐冰、任佩芬等 5 名青年服务团团员，连夜将队伍拉到伍佑，将徐冰、任佩芬等交给伪三十三师军法处审讯。

徐冰、任佩芬落入敌手后，被敌人打得体无完肤。她们凛然不屈，对敌人嗤之以鼻，痛加斥责。在被关押期间，还对看守她们的伪军做宣传工作，规劝他们反正，投奔新四军。

在这期间，党组织曾数次通过关系，设法营救却无果。一个月后，伪军见对徐冰、任佩芬无可奈何，便在夜间将二人押往便仓，交给伪营部关押，再送往东台、泰州。

在途中，这两个遍体鳞伤的娇小身影冲出队伍，先沿着通榆公路向南飞奔，然后折向庄稼地，踏着带露的野草，顺着田间的小路，向宽阔的串场河跑去。

敌人分成三路，一路沿着通榆公路向南冲去，一路奔向公路东边的村庄，一路直向徐冰、任佩芬的方向扑来。这时她们站在河边的陡岸上。

敌人离她们越来越近了。她们高喊着：“同志们！你们在哪里？党啊！您要记住你们的两个女儿！同志们！你们一定会胜利，一定能打败日本帝国主义的！共产主义一定会实现！”

她们的喊声像黑夜里的惊雷，震动了夜空，掩盖了岸边的浪涛拍击声。

看着敌人的黑影越来越近，徐冰和任佩芬深情地环顾着曾经为之战斗过的这块土地，面对着串场河西岸，再次高喊：“同志们！永别了！祖国啊！永别了！党啊！永别了！”

敌人快到她们身边了。面对饿狼般的敌人，她们齐声大骂："你们这些狗东西！人民总有一天会同你们算账的！"说完相拥一齐跳入河中。惊惶的敌人向河水中开枪。她们不幸中弹，壮烈牺牲。

任佩芬烈士之父任重（新四军老战士）曾为烈士撰"百字铭"，题刻于阜宁县芦蒲盐阜区抗日阵亡将士纪念塔上，以表其忠烈。又曾于1973年6月作《悼亡女牺牲三十二周年》诗，以寄怀念之情：

哀吾佩芬儿，狂风折幼松。
忽忽卅二载，勉吾此一松。
宁死不屈辱，大节实可风！
嗟尔一童子，浩气吞长虹！

参考文献

1. 刘钊，毕萍. 留芳集［M］. 南京：南京大学出版社，1995.
2. 中共盐城市委党史工作委员会，盐城市民政局. 碧血前驱：盐城市建国前革命烈士传略选编［M］. 南京：江苏人民出版社，1993.

18. 曹维新

浩然正气满腔存，殒身不逊斥敌酋

曹维新，原名曹维肃，笔名曹黑，曾就读于福州英华中学。1938 年春离开福州到南昌由其兄介绍参加新四军，同年 4 月，随军部迁至安徽歙县岩寺，不久入军部教导队学习。1938 年秋，学习结业后被分配在军部当军邮员。1940 年加入中国共产党。1941 年初在震惊中外的皖南事变中被捕，关押在上饶集中营。1942 年 6 月 19 日在崇安赤石镇外的集体大屠杀中牺牲，时年 19 岁。

曹维新，原名曹维肃，1923 年生于长汀，后随父迁居福州。家中有兄弟姐妹六人，他排行老四。父亲是中学教员。因家境清贫，曹维新由父亲在家辅导完成小学课程，后考入福州英华中学，不久转入三一中学。在校期间，曹维新积极阅读课外书籍，接受进步文化的熏陶，开始对封建的教育和社会制度及混战的现实情况产生不满。

1937 年卢沟桥事变后，曹维新积极参与学校的抗日救亡活动，无心功课。父亲写信给远在上海做工的哥哥曹维廉，要他带着弟弟在上海续读。然而，此时正在上海参加地下革命活动的哥哥因身份暴露，不得已由上海撤退到新四军军部。1938 年春，曹维新离开福州前往南昌寻找哥哥，并由哥哥介绍加入新四军。新四军军部迁往皖南后，曹维新入教导队学习。

部队的生活总是艰苦的，缺衣少食是生活的常态。教导队的学习环境也很差，没有教室，也没有桌椅。上课的时候大家就席地而坐，夏天坐在树荫下或遮阳处，冬天就爬上阳光明媚的小山岗。如此艰苦的环境并没有使曹维新产生任何怯懦之意，反而更加磨炼了他的革命意志。在学习过程中，他常表示：要好好地改造自己的小资产阶级思想，树立无产阶级革命意识。后来，他的两个弟妹也相继参加了新四军。当时已在新四军无线电总队任队长的曹维廉，总要在星期天兄妹聚会的时候，检查弟弟妹妹的学习、思想情况，尤其对一身稚气的曹维新要求更加严格。

1938 年秋，曹维新从教导队结业，被分配在军部当军邮员。在新的岗位上，他认真负责，十分注意保密工作。一次，哥哥去看望他，走到收发室门口正想往里走，他直言道："不行，不行，你出去，出去。这里规定闲人免进的。"直到把桌面上的文件都收拾好了，他才准许哥哥进来。由于他工作出色，思想不断进步，阶级觉悟不断提高，根据他本人的要求，1940 年春他被批准加入中国共产党。入党后，他更加严格要求自己，积极参加党组织的各项活动，曾以"曹黑"为笔名，向军部政治部创办的《抗敌报》和机关墙报投稿。

1940 年 10 月，蒋介石发出"皓电"，限令黄河以南的新四军于一个月内撤到黄河以北，同时密令其数十万军队准备进攻新四军，从而掀起了第二次反共高潮。1941 年 1 月 6 日，皖南新四军军部直属部队 9 000 多人，在北移途经皖南泾县茂林地区时，遭到国民党 7 个师约 80 000 人的突然袭击，史称"皖南事变"。新四军因寡不敌众，突围的战斗十分艰难。在这紧急关头，曹维新时刻不忘文件保管工作。在新四军最后一次突围前，他奉命把所有文件一一埋藏好。不久，敌人搜山，曹维新不幸被捕。

1941 年 1 月下旬，国民党第三战区司令长官顾祝同奉命将新四军被俘人员强行编为第三战区长官司令部训练总队军官队和军士队。曹维新被编在军官大队第一中队二区队。2 月间，敌人将被俘人员从皖南移押至上饶集中营。

上饶集中营是国民党军统特务在江西上饶设立的法西斯集中营，由七峰岩、周田村、茅家岭、李村和石塘五处集中营组成，主要囚禁在皖南事变中被俘的新四军战士和爱国人士，还有从国民党各党政机关中抓来的思想犯。曹维新被囚于茅家岭集中营。茅家岭集中营是重禁闭室，是国民党特务的杀人屠场。该集中营对外称为“第三战区长官司令部集训总队”和“特别训练班”，被囚人员不称“犯人”而称“学员”，一律着军服。

至上饶集中营后，敌人采取怀柔手段，诱骗“学员”自首变节。要求“学员”写一份“内容必须真实，把一切都交代清楚”的所谓“自传”。曹维新明白，如果照实写，这实际上就是一份自首书。于是他把纸笔和“自传提纲”往桌子上重重一拍，说“我写不出来”，以此抵制敌人的阴谋手段。

怀柔政策失败后，从1941年9月所谓第二期训练开始，敌人抛弃一切伪装，实行高压政策，妄图迫使志士就范。他们将被囚人员重新编队，把所谓“中毒太深”“顽固不化”，实际上是对敌斗争坚决的革命志士编在第三中队（又称“顽固队”）。曹维新被视为“顽固分子”，从茅家岭集中营转到周田集中营，编在第三中队。

在狱中秘密党支部领导下，曹维新继续同特务进行针锋相对的斗争。一次，曹维新看到一名叛徒在特务队长面前献殷勤，动作十分丑恶，就当着特务的面大骂道：“一副奴才相。”特务队长听到后，兽性大发，命令士兵剥去他的衣服，在寒冬的空旷地严刑拷打他，可他咬紧牙关、坚不吐实。敌人见得不到任何消息，只好作罢。

1941年10月，国民党当局为统一控制全国各地的集中营，在重庆设战时青年训导团，并在各地设分团。1942年4月，军官大队和特别训练班合并，改为战时青年训导团东南分团，下辖两个大队。第一大队辖第一、二、三中队，第二大队辖第四、五、六中队。曹维新被编在第五中队。此后，敌人的看守更加严密，刑讯逼供更加频繁。但此时的曹维新早已将生死置之度外。他和狱友们经常高唱《国际歌》《新四军军歌》等歌曲，激励自己的斗志。他们还互相勉励对方保持革命气节，同敌人战斗到底。

1942年5月25日，茅家岭集中营秘密党支部成功组织了越狱暴动。

消息传来，周田集中营的志士们受到极大的鼓舞。他们在狱中党组织的领导下开始筹划暴动事宜，曹维新也参加了准备工作。

此时，日军向浙赣铁路沿线大举进犯，进逼上饶。国民党不战而退，第三战区长官司令部则迁往福建。上饶集中营随之转移，6 月 5 日从周田起程，6 月 17 日径往福建崇安县城。下午，在赤石镇崇溪河渡河时，第六中队 80 多名同志举行了集体暴动。

赤石暴动发生后，敌人恼羞成怒，将各中队中的所谓“危险分子”和“顽固分子”列入屠杀黑名单。曹维新名列其中。6 月 19 日下午，敌人将他们分三批五花大绑，押解至赤石镇五六里外的虎山庙侧的茶树林中，实行集体大屠杀。

临行前，曹维新视死如归，痛斥敌酋，迎着枪林弹雨高呼“中国共产党万岁”，为祖国的解放事业献出了自己年仅 19 岁的生命。

参考文献

1. 中共福建省委党史研究室. 福建英烈传略：上［M］. 福州：福建教育出版社，2015.
2. 中共武夷山市委党史研究室. 赤石暴动革命烈士传［M］. 广州：广东人民出版社，1992.

19. 李克元

为国捐躯心志高，太行浩气千古传

李克元，1927 年出身于山西省武乡县王家峪村的一户农民家庭。1939 年当选为儿童团团长，带领当地的孩子们站岗放哨，为八路军传递情报，多次出色地完成了任务。1942 年，在日军的“大扫荡”中为掩护同伴而被抓，宁死不屈，最后壮烈牺牲在日军的刺刀之下，年仅 15 岁。

李克元，1927 年出身于山西省武乡县王家峪村一户普通的农民家庭。随着日本侵略中国的程度日益加深，抗日战争在中国全面展开。许多农村地区在中国共产党的领导下密切配合打击日军。李克元所在的村子也是与八路军配合打击日本侵略者的一支力量。村里建立了儿童团，许多孩子加入了进来。儿童团建立时孩子们曾一起宣誓：“宁可死，也决不暴露八路军的机密！”孩子们认真参加野外的操练，不仅锻炼了身体，增强了军事技能，而且锤炼了坚强的意志，为中国的抗日解放事业贡献了自己的一份力量。

1939 年，12 岁的李克元担任了村里儿童团的团长，领导孩子们与日军做斗争。孩子们虽然年纪小，但是心怀着对日军的深切仇恨和保卫家园的一腔热情。杨克元带领着儿童团的团员们为八路军站岗放哨，侦察送信，掩护同志，盘查过路行人。由于孩子们的机智勇敢，他们在配合八路军的作战过程中发挥了重要的作用。

1939 年初冬下了一场大雪，儿童团团员们像往常一样在路口盘查行人，索要路条。忽然远远地看见一个鬼头鬼脑的人正走过来，一会儿东张西望地看有没有人，一会儿又装作大摇大摆的样子，嘴里还装模作样地哼着小曲。

杨克元带领孩子们从草丛后面闪出，拦在了那人面前，大声喝道：“哪里来的?”

此人吓了一大跳，再定神一看，发现是几个小孩，于是立刻放松了下来，嬉皮笑脸道：“都是自己人，都是自己人。”

孩子们义正词严地说：“什么自己人！你到底是哪里来的?”

此人故作镇定道：“我是八路军三八五旅特务连的，在执行一项秘密任务，要找朱德总司令商量。”他还趁机探听道：“朱德总司令住在谁家呀?”

李克元警惕地说：“把路条拿出来给我们看看!”

此人吓唬道：“不要耽误了我的正事!”

这时，李克元问道：“既然你是八路军，那你可曾参加过八路军为粉碎日军进攻而组织的九路围攻?”

此人说道：“那是当然了!”

李克元又问道：“那你说说第一次围攻是在什么地方?”

此人回答：“在武西丘陵地带。”

旁边有孩子惊叫起来：“不对!”

李克元用眼神示意团员先不要说话，接着问道：“你再说说第三次围攻的经过。”

此人结结巴巴地说道：“八路军把日军包围了……”

“呸!”李克元大声说道，“你根本没参加过，也不是特务连的。你到底是什么人?!”

此人看大事不妙，扭头就想逃跑。孩子们一拥而上，将他扑倒在地，拧手的拧手，捉脚的捉脚。李克元还发现此人背后藏着一把手枪，于是立刻没收了。他们大喊道：“快来人哪，捉汉奸!”

此时，恰巧从附近经过的自卫队队长听见了孩子们的喊声，立刻冲了过来。他们把这人五花大绑地押到了县司法科。经过审问，得知此人正是八路军和群众痛恨的大汉奸乔克荣。他曾经带着日军做过不少坏事。这次他来，就是为了刺探情报。第二天，这个大汉奸就被处决了。

儿童团的孩子们在这件事上立了大功，得到了朱德总司令的表扬。孩子们都非常高兴，李克元也在心里暗暗地下定决心，一定要更加努力，不辜负朱总司令的期望。

李克元不仅机智勇敢，领导儿童团的孩子们勇斗汉奸，而且对八路军战士怀着热切的心肠，无私地奉献自己的力量。

1940 年秋的一个下午，李克元站岗回来，发现朱总司令所在的总部门口拴着几匹高头大马，马的鬃毛已经被汗水浸湿。马明显是跑了很久的路，旁边还有几名八路军战士在为战马梳理鬃毛。李克元心想，这些战马跑了这么久一定又累又饿，于是他号召儿童团的孩子们去后山割青草来喂这几匹战马。

到了黄昏，孩子们背了几捆草从山上下来。八路军的战马终于吃上了鲜嫩的青草，得到了休整。看着这样的情景，李克元松了一口气，突然倒在了地上。原来，李克元这些天得了疟疾，病还没有完全好，需要休息，可是他不顾自己的身体，站岗回来就去山上割了整整一捆的青草并背下山来，结果累倒了。八路军战士知道后不禁赞叹道：“真是个铁打的孩子啊!”

还有一次，村长找到了儿童团，对他们说：“孩子们，现在咱们的八路军要和日军打一场持久战，中途下不了战场。上级给我们下达了指示，要我们送饭到战场，不送生面，只送熟食!”儿童团迅速向村里的各家各户传达了这个指示。很快，村里飘起了饭香，大家做出了烙饼、蒸面卷儿、贴饼子、绿豆汤、小米饭，甚至还有飘着葱香的片儿汤和豆腐汤。

李克元带着儿童团的团员们背着食物赶往八路军所在的战场。赶了很长时间的路，孩子们又累又饿。于是李克元拿出出发前放在兜里的苦苦菜来分给大家吃。李克元的包里虽然有香喷喷的白面馒头，可是他一想到在战场上拼杀的八路军战士，就觉得自己的这点苦算不了什么，他要把白面馒头留给浴血奋战的战士们。村长看到李克元和孩子们这样为别人着想，感动得不知道说什么好。

在1942年秋的“反扫荡”中，李克元率领儿童团跟随着自卫队队长打伏击战。当时，大道上正走过一支日军的队伍，日军军官还喝得醉醺醺的，骑在马上摇摇摆摆地向前行进。见此情景，李克元说：“让我来教训教训他！”

话音刚落，日军军官骑着的马肚子上就中了两枪，马倒在了地上，日军军官也摔倒在地，不晓得东西南北。正在此时，李克元他们飞奔过去，把日军军官抬回村里，扔进了枯井，并在井口压上了一块大磨盘。剩下的日本兵到处找他们的头儿，结果不但没找到，反倒进入了儿童团的伏击圈，中了地雷。李克元和其他孩子们打了一场漂亮的胜仗。

天有不测风云。1942年农历九月十三日，凶残的日军对李克元所在的村子进行“大扫荡”。为了掩护村里的乡亲们转移，儿童团的团员李二丑和李丙彦向日军的队伍投了两颗麻尾弹。麻尾弹在日军的队伍里炸开了。日军包围了二人，并对他们进行射击。李二丑不幸中弹牺牲。李丙彦左腿中了一枪，顺势跳下了悬崖，躲在了拐角的一个水洞里。这些儿童团团长李克元都看在眼里，他为同伴李二丑的牺牲而难过，同时为李丙彦可能会被日军发现而担忧。

日军顺着李丙彦掉落的方向寻去，一个水洞一个水洞地找，用刺刀往里刺，就在快找到李丙彦所在的那个水洞的紧急关头，李克元跳了出来，朝敌人扔了两颗麻尾弹，大叫道：“我在这呢！”

日军向李克元追来。就这样，李克元帮助同伴李丙彦摆脱了危机，他自己却很快被日军捉住了。一个日本兵威胁他说出八路军的人数和所在的地点，否则就要杀了他。

李克元一声不吭，同时眼睛注视着日军主力部队前进的方向——他们就快进入八路军事先设下的埋伏圈了！日军刚进埋伏圈，阵阵枪炮声就响起了。日军被打得措手不及。他们丢盔弃甲，狼狈逃窜，其间又踩到了八路军事先埋好的炸弹，被炸得人仰马翻。

看到此种情景，李克元开心地大笑起来。一个日本兵暴跳如雷，用刺刀狠狠地刺向了李克元。李克元就这样壮烈牺牲了，年仅15岁。

当天晚上，军民在文昌塔下为李克元和李二丑开了追悼大会，并追认李克元、李二丑两人为烈士，同时号召所有人学习他们的英勇精神。

先烈已逝，他们的故事却一直在广袤的太行山区不断地被人们传颂着。

参考文献

1. 武乡县政协文史资料委员会. 武乡人物志［M］. 太原：山西人民出版社，2003.
2. 闫绍军，李俊亭. 军徽闪闪：听解放军叔叔讲故事［M］. 北京：中国少年儿童出版社，2007.
3. 丹琳. 寻访儿童团战友［M］. 北京：中国文联出版社，2008.

20. 郑明德

革命豪情驻心间，巾帼忠魂践誓言

郑明德，1925 年出身于浙江省平阳县凤林村一个革命家庭。1938 年参加革命。1941 年 3 月加入中国共产党。7 月，在往瑞安公阳转移时，不幸被捕，坚贞不屈，于 1942 年 6 月 27 日被敌人残忍杀害，年仅 17 岁。人们称颂她为“浙南刘胡兰”。

1925 年，随着一声“哇”的哭声，浙江省平阳县凤林村郑海啸家中诞生了一名女婴。她就是郑明德。凤林村是浙南最老的游击根据地之一，而郑海啸是当时中共平阳县委书记。郑明德出身于这样一个革命家庭，使她幼年就在党的教育下、在革命的环境中茁壮成长。

郑明德从小就喜欢听革命故事。当时中共浙江省委书记刘英常常住在郑明德家。每次吃完晚饭，郑明德就缠着刘英书记给她讲革命故事。一天傍晚，天真活泼的郑明德又拉着刘英书记的手缠着他讲革命故事，刘英书记就讲了方志敏的事迹。郑明德几乎听得入神了。当她听到方志敏伯伯热爱祖国、关心人民和蔑视敌人的种种事迹时，小小的脸蛋不时露出笑容；当她听到方志敏伯伯为了革命事业英勇牺牲时，小小的心灵深感悲痛，禁不住“呜呜”哭起来。郑明德就这样在党的指引下，在爸爸和身边大人的熏陶下，在幼小的心灵里种下了革命的种子，对革命充满了热情，慢慢地走上了革命道路。

抗日战争全面爆发以后，12 岁的郑明德虽然年纪还小，但她对日军侵略中国的罪行充满了仇恨，经常积极地参加抗日救亡工作。有一次在平阳水头街召开的群众大会上，郑明德用洪亮的嗓音向群众宣传共产党的抗日主张，说得有条有理，获得了台下群众的赞许。由于在抗日宣传中表现出色，她很快成为身负重任的革命骨干。

1938 年春，粟裕同志率领部队北上抗日。为了给部队供应充足的衣服、粮食等物资，中共平江县委号召群众积极支持部队抗日。郑明德听到消息后，挨家挨户发动群众为部队赶做军鞋，并把自己家里的旧被单、破衣服都拿出来做军鞋。在她的带动下，凤林村家家户户都响应县委的号召，在很短的时间里，就赶做了四百多双军鞋。此外，她还教乡亲们唱抗日歌曲，搞义卖活动，办妇女识字班，各项工作都搞得有声有色。

1940 年，白色恐怖笼罩着浙南游击根据地。地下党组织的活动更加艰苦了。但是，郑明德并没有因此退却。她毅然告别多病的母亲和年幼的妹妹，离开家乡，跟随部队来到革命斗争的第一线。在她离开家不久，敌人就把她家的房子烧了，妹妹也被抓了起来。得知这一消息后，郑明德强忍着泪水，国仇家恨一起涌上心头。她的革命意志更加坚定了。

在革命的岁月中，在严峻的考验下，郑明德很快成长起来。1941 年 3 月的一天，郑明德站在党旗下，庄严地宣誓："为共产主义事业奋斗终身！"郑明德成为一名光荣的共产党员，党对她的要求也更高了。

按照党组织的决定，郑明德被派到环境最艰苦、斗争最激烈的平西区工作。临走前，父亲郑海啸语重心长地嘱咐她："平西人民等着你去传达党的声音。你要依靠群众，坚持斗争，要经得起任何考验……"郑明德坚定地表示："父亲放心，我决不辜负党的教育，一定完成任务！您自己多保重！"

1941 年 7 月 16 日，郑明德和其他十几名同志在往瑞安公阳转移时，被敌人发现了。当时，郑明德脚病发得厉害，加上一昼夜的急行军，饥饿、劳累一齐袭来。但她忍着剧痛，依靠强大的毅力坚持前进。突然，一颗子弹打中了她的腿，鲜血直流，行动更加困难了。旁边的一个同志说："我来背你。"郑明德拒绝了："你们先走吧，现在情况紧急，我不能拖累大家。"同志们只好含着泪把她隐藏在山坑里。狡猾的敌人顺着血迹搜索。郑明德不幸落到了他们的魔爪之中。

郑明德被捕后，先被押到了瑞安。叛徒一下子就认出了她。“县长，她就是郑明德，是中共平阳县委书记郑海啸的女儿。”叛徒对国民党平阳县县长张韶舞说。

“哈哈，这次我们可钓到大鱼了。先把她押送到平阳县再说。”张韶舞得意地说。

起初，张韶舞以为郑明德只是个黄毛丫头，稍加哄骗、恐吓就可撬开她的嘴巴。可是，他的如意算盘落空了。

到了平阳以后，张韶舞亲自审问郑明德，而得到的结果是被郑明德驳斥得哑口无言。之后，张韶舞又施一计，派他的爪牙郑学沛以同乡之名去监狱里劝说。这一招同样被郑明德识破。不久，无耻叛徒施泽民也企图邀功，去劝说郑明德投降，但也被郑明德骂了回来。坚强不屈的郑明德识穿了敌人的种种阴谋。

张韶舞不甘心自己竟治不了一个黄毛丫头，决定再次出马。他带着酒菜来到狱中，假惺惺地对郑明德说：“郑小姐受苦了，这些好酒好菜，是特地为小姐准备的。”

郑明德一看见这个杀人魔王，就满腔怒火。她背过脸去，不理睬他。

“郑小姐怎么不说话了，是不是已经想清楚了？”张韶舞无耻地说道。

郑明德回过头来，大声说道：“卖国贼，我与你有不共戴天之仇。我跟你没有话说。我不想看见你！”

丧心病狂的张韶舞顿时凶相毕露。“拿刀子来，我就不信连刀子都撬不开你的嘴巴。”张韶舞咆哮道。

刽子手把大刀架在郑明德的头颈上。张韶舞歇斯底里地狂叫道：“限你三分钟，招还是不招？”

郑明德面无惧色：“要杀就杀。我死也不会把秘密告诉你们！”

张韶舞命人对郑明德进行了惨无人道的折磨。虚弱的郑明德很快便晕了过去。醒来后，郑明德回答敌人的只有这么一句话：“要么把我放出去，要么枪毙我。”

在被关押期间，郑明德仍然心系革命、心向党。有一次，她听监狱的女看守说国民党保安团在部署兵力，准备向瑞安边境游击区进攻。郑明德得知这一消息后，心里非常着急，同时想方设法将这一情报送了出去。由于情报送得及时，游击队安全转移，保存了革命力量。

平时只要没被审问，郑明德就忍着剧痛，给难友们宣传革命道理，传唱革命歌曲，还与男牢房里的共产党员取得了联系，为改善难友们的伙食进行了斗争，最终取得了胜利。

虽然敌人对郑明德进行了残酷的折磨，但坚贞不屈的郑明德始终守口如瓶。敌人拿她实在没办法，终于对她下毒手了。

1942 年 6 月 27 日下午，天色阴沉，杀气腾腾的敌人将郑明德的牢房打开了。郑明德知道最后的时刻即将到来，从容地拖着脚镣走出牢房，向难友们挥手告别："同志们，革命肯定会胜利的。大家要坚持到底，跟敌人斗争到底！"郑明德毫无惧色，即将走上刑场的她还在鼓舞着难友们。难友们眼含着泪水，多么舍不得这个坚强的小战友啊。

郑明德的双脚已经溃烂，身体很虚弱。敌人将她按在人力车上，叫车夫朝刑场方向拉。此时，郑明德穿着一双新鞋。她拍了拍年老的车夫的肩膀，对他说："大爷，我们都是穷人。这双鞋还是新的，可我用不上了，你收起来吧！"接着，郑明德就把鞋子脱下来递给老车夫。老车夫含着热泪，同情地摇摇头，身体一恍惚，把车子停了下来。旁边凶恶的敌人狂喊狂叫，用枪托打了老车夫一下，逼着他拉车继续前进。

到了刑场，郑明德昂首挺胸地走上刑台。刽子手举起了枪。郑明德高声呼喊："打倒国民党反动派！共产党万岁！"枪响了，英勇的郑明德倒在了故乡的土地上。

郑明德英勇就义时，年仅 17 岁。后来人们称颂她是"浙南刘胡兰"。她用自己短暂的青春谱写了一曲动人的光辉诗篇。

参考文献

1. 叶大兵，余龙贵，黄明星，等. 战斗在浙西南［M］. 杭州：浙江人民出版社，1959.
2. 黄嘉斌，等. 浙南刘胡兰［M］. 杭州：浙江人民出版社，1960.

21. 王　璞

宁为抗战撒尽血，不流屈膝投降泪

王璞，河北省完县野场村人，从小跟随父母进行抗日斗争。1940 年，王璞被选为村里的儿童团团长，和小伙伴们一起为八路军站岗放哨、查路条，工作认真负责。在地雷战中，他学会了布雷、制雷。1943 年 5 月 4 日，在日军的“大扫荡”中，王璞和乡亲们被日军抓住，宁死不屈，最后全部被杀害。中华人民共和国成立后，王璞被共青团中央授予了“全国十大少年英雄”的光荣称号。

王璞，1929 年出身于河北省完县野场村的一户普通的贫苦农民家庭。1937 年 7 月 7 日，在王璞开始懂事的时候日军发动了卢沟桥事变，抗日战争全面爆发。战争的火焰很快就烧到了王璞的家乡。对日军的民族仇恨在王璞的心中渐渐燃起，于是小小年纪的王璞就开始跟随着父母从事抗日工作。

抗日战争全面爆发之后，在八路军的带领下，全国人民奋起抵抗日军的侵略。

这天，村里来了八路军的骑兵营。一个小号兵“嘟嘟嘟”地吹起了小号，吸引了村里很多小孩。孩子们围着小号兵好奇地问东问西。小号兵问大家：“我教你们唱打日本人的歌好吗?”孩子们都说好，大家高兴地跟着小号兵唱了起来：

风在吼，马在叫，
黄河在咆哮!

黄河在咆哮！
河西山冈万丈高，
河东河北高粱熟了。
万山丛中，抗日英雄真不少，
青纱帐里，游击健儿逞英豪！
端起了土枪洋枪，
挥动着大刀长矛，
保卫家乡！
保卫黄河！
保卫华北！
保卫全中国！

孩子们唱得慷慨激昂、精神抖擞，恨不得立马冲上战场杀敌去！

不久，王璞所在的村子成立了儿童团。11 岁的王璞被推选为儿童团团长，整日里带领伙伴们为八路军站岗放哨、传递情报、查路条，工作得非常认真、仔细。

一天上午，王璞带领着儿童团团员山虎照常来到村头放哨。两个人分别爬到村口两棵大树的树杈上往远处张望。炎炎夏日，他们很快就汗流浃背。虽然很想找个凉快的地方歇息一下，但是两个小伙伴依旧坚守在自己的岗位上。不一会儿，他们看见有个人影往这边移来，一边走还一边东张西望。王璞和山虎立即滑下树来，可是再一看，那个人转眼就不见了！

王璞再爬到树上，发现那个人开始往回走了。王璞心里嘀咕道："那个人不是来村里的吗，怎么又回去了？该不会是看到我们在这放哨所以才改变了方向？"

王璞开始警觉起来，于是叫山虎立即回村喊人，自己则快步追了上去。他抄近道跑到了来人的前方，然后大喝一声："站住！"

那人被吓了一大跳，一屁股坐在了地上。

王璞快步冲上前去，问道："你是干什么的？"

来人心虚地答道："过路……过路的……"

"为啥不走大路，还偷偷摸摸的？"

"天太热，走这小路凉快啊……"

"凉快？把路条拿出来！"

"路条？路条……我看看！"说着那人就在兜里摸了起来，摸了半天，没摸到什么，说道，"小鬼，我忘记带了。我有正事要办，你就让我过去吧！"

王璞厉声说道："正事？有正事还不带路条？跟我去村公所！"

来人一听要去村公所，狠狠地推了王璞一把，然后转身向后拼命跑去。王璞被推倒在地，又迅速地站起来去追那人，边追边喊："快来抓坏蛋啊！"

那人跑着跑着，忽然发现山虎带着村里的人迎面过来了，堵住了他的去路。他又扭头朝王璞跑去，猛地推开王璞想逃。可是最终还是被王璞、山虎联合村里来的人抓住了。

经过审问，这人果真是敌人派来的特务。小小年纪的儿童团团长王璞由于自己的勇敢机智立了一功！

在抗日战争时期，对付日军的"扫荡"，地雷战发挥了很大的作用。王璞不仅学会了布置地雷，还学会了制造地雷。他和儿童团团员们按照八路军的教导自制地雷：扫硝、熬硝、配火药、晒干，把火药装进墨水瓶子里，再安上引信，一个地雷就做好了。孩子们给这种地雷起名"瓶瓶雷"。

儿童团制造的"瓶瓶雷"还真派上了用场。这天，王璞背着竹筐去山上割草。到了割草的地方，他把竹筐放下，发现里面有昨天放进去晾晒的两个"瓶瓶雷"，原来是他忘记拿出来了。为了防止"瓶瓶雷"受潮，王璞把两个"瓶瓶雷"放在了旁边的大石头上，然后就去割草了。

正当王璞割草割得起劲的时候，忽然发现后面有两个日本兵和一个汉奸打扮的人走了过来。

汉奸走过来问道："干什么的？"

"俺割草的。"

旁边一个日本兵气势汹汹地说道："你……带路……去找八路！"

王璞心想："没门儿！"可是他没有吭声，站着不动。

这时汉奸推了他一下，狗仗人势地叫嚷道："听见没？太君叫你带路！"

机智的小王璞脑袋里灵光一闪，忽然心生一计。他顺从地说道："好！不过我肚子好疼啊，我先去拉屎，马上就过来。"

汉奸和日本兵料想这孩子跑也跑不了，于是说："赶紧！"

"嗯嗯……"小王璞答应着，就往大石头的方向跑。跑到大石头后面，他蹲了下来，偷偷地把石头上晾着的两个"瓶瓶雷"摸在手中，然后趁日本兵点烟的工夫迅速地把"瓶瓶雷"的引线用细线连到了附近的小树上。

过了好一会儿，日本兵和汉奸看王璞还没动静，汉奸就喊道："臭小子，好了没？"

没人答应。汉奸气急败坏地冲到石头后面去找，正好被王璞绑住的细线绊了一下。"瓶瓶雷"瞬间炸开了，嘭的一声，把汉奸的脸炸开了花。日本兵听到声响都吓得趴在了地上，动也不敢动。正巧此时，附近巡查的民兵路过，他们发现了日本兵和汉奸，就迅速把他们抓了起来。

王璞和小伙伴们自制的"瓶瓶雷"的威力真不小啊！

转眼到了1943年春天，抗日战争进行得更加惨烈。日军实行"烧光、杀光、抢光"的"三光政策"，凶残无度地在抗日根据地进行"大扫荡"。面对日军的"扫荡"，广大的中国人民并没有畏惧，他们在共产党的领导之下，坚决地与日军对抗。

野场村的老百姓在共产党的领导之下，家家户户都把粮食藏了起来，把水井也封了起来，能转移的转移，转移不了的实行"坚壁"。大家还把八路军留下的一些枪支弹药和衣服之类的东西都埋了起来。

儿童团团员们也不甘落后地行动起来。在团长王璞的带领之下，孩子们在村里小学的墙壁上贴了一张《抗日公约》。

1943年5月1日，日军对野场村进行"大扫荡"，可是当他们来到村子里的时候，连一个人影都没见到，抢不到粮食，也找不到水井投毒，只看见满街满墙贴满了宣传抗日的标语和漫画。日军气得“哇哇”大叫。原来乡亲们都提前转移了，壮年男子跟着八路军去打仗，剩下的老弱妇孺都躲到附近的桃树沟里去了。

虽然乡亲们都躲了起来，但是王璞仍然认真履行着儿童团团长的职责，每日早起站岗放哨，探查敌人的动静。

5 月 7 日大清早，王璞像往常一样早早地起身来到沟边，忽见不远处有人头攒动，还架起了一排排机枪！原来是村里怕死的地主为了自己的性命去跟日军告了密。日军当晚就把乡亲们躲藏的桃树沟包围了起来。

天大亮了，日军端着机枪把乡亲们都押到了一块几十平方米的空地上，然后围了起来。日军拿着汉奸给的名单让村干部、干部家属和烈属一个个地站了出来。王璞和妈妈挺身站在了最前面。

一个日本兵走上前来揪着王璞的领子大声喝道：“你……小八路？”

王璞摇了摇头。

日本兵又大声嚷道：“你是八路的干活！”

王璞扭头大声道：“不是！”

日本兵生气地用枪托冲着王璞的腿上使劲地砸。王璞的身子晃了一晃，又挺住了。他心中充满了对日军的愤怒之情。他绝不会在日军面前弯腰的！

接着，日军队长冲着人群“哇哇”乱叫了一通。汉奸翻译道：“太君问你们，八路军的枪支弹药、粮食都藏在什么地方？老实交代，饶你们不死！”

乡亲们谁都没有吭声。

这时候，王璞的妈妈站了出来，愤怒地对汉奸说：“你们逞什么凶！等到八路军回来了，有你们好看的！”然后，她转过身去对乡亲们说：“大伙儿，咱们别怕。等八路军回来了，会为咱们报仇的！咱们宁可抗战死，也不做亡国奴！”

乡亲们也跟着一起高声喊道：“宁可抗战死，也不做亡国奴！”

身为儿童团团长的王璞还带领着儿童团团员们高声朗诵《抗日公约》。

日军看到了这样的场景，气得快冒烟了。气急败坏的日军用机枪对乡亲们进行一阵扫射。王璞及其他视死如归的父老乡亲们就这样全部被日军残忍地杀害了。这次事件就是野场惨案。

小英雄王璞牺牲了，可是他的精神激励着世世代代的少年儿童从小就为了民族、为了祖国的利益而不断奋斗。

参考文献

1. 韩盼山，丁殿民. 王璞［M］. 北京：中国少年儿童出版社，1977.
2. 共青团中央少先队工作委员会，四川少年儿童出版社. 中国现代少年英雄传：王璞［M］. 成都：四川少年儿童出版社，1985.
3. 共青团河北省委青运史研究室，张力，郑景兴. 河北青运史资料论文选［M］. 石家庄：河北人民出版社，1992.

22. 王元甲

少年偶得红军识，夜潜敌穴现标语

王元甲，江苏淮安泾口镇人，1928 年出身于贫苦农民家庭。因家境贫寒，15 岁就在泾口镇一家面坊当伙计。1943 年日军野蛮侵占淮安城，并建起土围子，妄图长期占领。此时，新四军已然与周围的抗日农民自卫武装打成一片。日军知晓后，每天从百姓中派一人到圩外打探新四军的消息。王元甲就是在替面坊老板外出打探时结识了新四军，并接受了在日军圩子里粘贴标语的任务。王元甲光荣地完成了任务，但最后因伪保丁的指控，被日伪军抓获并残忍杀害，时年 15 岁。

王元甲 1928 年出身于江苏淮安泾口镇一户贫苦农民家庭。因家境贫寒，15 岁就在泾口镇一家面坊当伙计。

在黑云压城的 1943 年，日本侵略军野蛮地侵占了淮安城，并在淮安泾口等地修起了土围子，妄图长期占领。

当时淮宝支队政治处主任兼淮盐宝办事处主任彭冲同志得悉安丰区宥城乡（今淮安泾口镇宥城一带）有一支自发的抗日农民自卫武装，就派政治处宣传干事程特青持他的介绍信去宥城乡，以掌握和领导这支武装。程特青精明强干，依据党的指示，一到宥城就和当地群众打成一片，成了宥城农民自卫队的指路人。

1943 年 5 月 9 日，程特青受派在泾口镇石桥头指挥民兵与日军作战时，抓到一个十多岁的少年“汉奸探子”。战斗结束后，程特青在乡政府见到了被绳子捆着的少年，只见他衣衫褴褛、瘦骨嶙峋，根本不像汉奸探子。细问之下得知，少年叫王元甲，15 岁，在镇上一家面坊当小伙计。程特青了解到，自从新四军在泾口一带活动后，当地日军非常惊慌，挨家挨户每天派出一个人到圩外打探新四军的消息。5 月 9 日这天轮到面坊老板当差，老板就逼着王元甲去替他，王元甲无可奈何才来到石桥头村。真相大白后，程特青立即给他松了绑，给他讲了一番抗日的道理，教他做一个有骨气的中国人。王元甲十分感动，表示不再回泾口，要加入新四军。

当时程特青手中正好有淮宝支队政治处印发的《告伪军同胞书》和《告敌占区人民书》两种红绿传单，便试探王元甲："在圩子里贴标语，你敢吗?""敢!"王元甲回答得很干脆。程特青一边悄悄交代王元甲要严守秘密，一边将标语揣到他衣服里。

王元甲接受了这项特殊任务后，便沿着张公堆的抗日堑壕往北走。在经过一条水沟时，他便脱下衣服蹚水过河。就在他把标语往鞋里揣时，一个在附近耕地的伪保丁发现了那闪亮的红色。王元甲没想到就此种下了祸根。临进圩子，他把标语仍夹在鞋内，外边还包了很多柴草。敌人的哨兵以为他是从地里干活回来的，加上他小小年纪，所以根本没有盘查，让他轻易回到了戒备森严的泾口。

王元甲回家后将传单藏好，悄悄调好糨糊，等待黑夜来临。半夜，人们都已经熟睡了。王元甲轻轻穿好衣服，怀揣传单，端着用破布裹着的糨糊碗，悄悄走出家门。他来到大街上，刚贴好一张，便听到一阵脚步声向他走来。他马上把刚贴好的传单撕下来。等敌人的巡逻队走后，他迅速把 20 多张传单通通贴在靠近敌人据点的街头巷尾和伪军大队部的墙上、门上。

第二天，敌人一见圩子里贴上了许多新四军的标语，顿时很惊慌。老百姓们则个个喜形于色，暗地里奔走相告。敌人如临大敌，急忙调兵遣将，挨家挨户进行搜查。三天内，被抓到张家祠堂里吊打的"嫌疑人"竟有 30 多人，结果敌人还是一无所获。但敌人没有死心，将所有伪保丁全部集中起来，限令他们查清在 5 月 9 日进出圩子的所有人。之前那个伪保丁被吓破了胆，连忙跪在地上，把他见到王元甲手中抓着红红绿绿的东西涉水过河的事说了出来。

敌人一见他们抓到的“要犯”竟是个小毛孩儿，气得两眼发红，对王元甲连夜吊打折磨。王元甲宁死不屈，问什么都回答“不知道”。日军小队长对王元甲进行威逼利诱，问是谁派他在据点里贴标语时，王元甲只回答：“是一个中国人。”当被问为什么要贴这些标语时，王元甲回答：“我是中国人，不当亡国奴。”一阵毒打之后，敌人没有得到任何线索，而王元甲昏过去了。敌人并未死心，用冷水将他浇醒。那个伪保丁说：“那些传单不就是你贴的吗？只要你承认了，我们就放你回家。”王元甲愤怒地说道：“你这个汉奸、狗腿子，总有一天会死在新四军手里！”敌人用尽了手段，最终将年仅 15 岁的王元甲枪杀。

1989 年，江苏省人民政府追认王元甲为革命烈士。

虽然王元甲不曾正式加入新四军，但他已然代表了新四军坚贞不屈的形象。

参考文献

1. 罗存康. 少年儿童与抗日战争［M］. 北京：团结出版社，2015.
2. 陈以和. 芦荡烽火［M］. 北京：中国文史出版社，2002.
3. 刘友开. 党的好孩子群英谱［M］. 北京：中国国际广播出版社，1991.

23. 李爱民

机智勇敢小英雄，舍己为人大奉献

李爱民，1930 年出生于山西省武乡县白家庄。他在抗日战争时期任村里的儿童团团长，经常给八路军和民兵送信、带路，贴抗日标语，宣传抗日，立下了许多功劳。1943 年，为了掩护收麦子的村民撤退，牺牲在日军的刺刀之下，年仅 13 岁。

1937 年 7 月，日军发动了全面侵华战争。他们在中华大地上无恶不作，犯下了滔天罪行。1942 年，正当春暖花开之时，日军侵占了武乡县白家庄，还在村子里修了炮楼。乡亲们都在顽强地和日军进行斗争。

有一天，八路军的钟营长急匆匆地来到白家庄，找到民兵团团长说：“现在有一封很重要的信，要找一个能干的人送到东沟去。但是我们的战士都在准备战斗，一时抽不出人来。你们可以派一个合适的人去吗?”

“儿童团团长李爱民非常机智勇敢，我看他能完成这个任务。”民兵团团长笑着说。

于是，他们把正在站岗的李爱民找来，将这个任务交给了他。李爱民一看信上粘了几根鸡毛，就知道这封信很重要。

钟营长摸着李爱民的头说：“这封鸡毛信很重要。你马上抄山路，把它送到东沟的民兵那里。”

李爱民将信件仔细收好，郑重地对钟营长保证道：“我一定完成任务！”

钟营长笑着对李爱民说：“好，好，你是村里的儿童团团长，我们相信你。去东沟要经过敌人的封锁区，在路上一定要小心啊。”

为了不让敌人怀疑，李爱民特地把自己装扮了一番，戴着一顶破旧的草帽，拿着一把镰刀，牵着一头小毛驴，把鸡毛信小心地藏在袜子里，就这样上路了。

由于时间紧迫，李爱民牵着小毛驴抄小路快步朝东沟走去。小路上尽是乱草、荆棘。李爱民的脚被小石子弄破了，两条小腿也被划了几道口子，但他顾不上这些，心里只想尽快把鸡毛信安全送到东沟。蹚过两条小河沟，爬过几道山冈，他来到了一个岔路口。他抬头一看，前面不远处有两个日本兵在嘀咕什么。这时他知道自己已经到了敌人的封锁区。此时，日本兵已经发现了他，他想躲也来不及了。

怎么办呢？李爱民突然想起出发时钟营长嘱咐他的话：“路上遇到情况要沉着，见机行事。”他两颗黑眼珠子一转，往四周看了看，看见不远处有一摊很稀的驴粪，马上有了办法。他走过去，用脚使劲地踩了一下那驴粪，驴粪溅了他一身。他顾不得脏和臭，大摇大摆地把驴牵到沟里割起草来。

那两个日本兵跑了过来。其中一个像日军军官，他抓住李爱民的衣领大声喊道：“八格呀噜，你是什么的干活？”

李爱民装作傻乎乎的样子，呆呆地站在那里。

日军军官瞪着大眼叫道：“八路的探子？抓起来！”

李爱民装作惊慌的样子，结结巴巴地说：“长官，俺是放驴的。”

一个年轻的日本兵走过来，在李爱民身上搜了起来。他搜了两下什么也没搜到，就被李爱民身上的臭味熏得直捂着鼻子走开了。

这时，日军的兵营吹起了号声。两本日本兵急着要走，其中一个狠狠地踢了李爱民几脚，厉声喊道：“赶快滚。这里不准放驴！”

李爱民牵着驴迅速来到东沟，将鸡毛信交给了那里的民兵。民兵连长接到信，又怜惜又佩服地说：“真不简单呀，你这是从日本人的鼻子底下闯过来的啊！”

由于这封信送得及时，第二天，东沟的民兵顺利地配合八路军打下了日军的据点。

张贴抗日标语、宣传抗日主张是抗日工作的重要部分，作为儿童团团长的李爱民非常积极地参加了。有一次，天刚黑，村里的王七叔把儿童团团员们召集到一起，在李爱民家开会。李爱民的妈妈看见王七叔提着一桶糨糊，感到很奇怪，于是问他："这是做什么啊？"原来，王七叔要组织一个儿童武装宣传队，准备趁着夜色到伪军的炮楼周围张贴抗日标语、散发抗日传单。

不一会儿，王七叔看儿童团团员们都到齐了，就说："今晚，咱们要执行一个重要任务！"

"是什么任务？我们要去打日本人吗？"李爱民兴奋地问道。

"是比打日本人还重要的任务。我们今晚要去伪军的炮楼周围张贴标语、散发抗日传单。"王七叔说。

"好啊，好啊。"孩子们都很高兴，"这太好玩了。"

"这可不是闹着玩的。大家要胆大心细。一切行动听从我的指挥！"王七叔命令道。

会议结束后，王七叔带着儿童团团员们摸到了伪军的炮楼附近。

四周静悄悄的。借着微弱的月光，儿童团团员们隐隐约约地看到炮楼上有几个哨兵在走动。孩子们屏住呼吸，等待着王七叔的命令。

过了一会儿，看敌人没发现什么，王七叔便开始布置任务了。几个儿童团团员爬到炮楼下面的一道土坎上将传单用土块压住。几个比较灵活的孩子迅速在炮楼对面的墙上贴上标语。很快，任务就完成了。大家脸上都露出了笑容。但是，剩下的几张标语要贴到哪里呢？李爱民看了看伪军的炮楼，低声对王七叔说："王七叔，我想把这几张标语贴到炮楼上面去。"

王七叔想了想，小声对他说："好是好，但是这有些危险，容易引起伪军哨兵的注意。你有把握吗？"

李爱民说："我想到了一个办法，你看行不？"他贴着王七叔的耳朵小声讲他的想法。

“好办法，就这么办。”王七叔高兴地说。

只见李爱民朝炮楼的北侧爬去。那里比较黑，没有敌人的哨兵。王七叔轻轻地走到炮楼南侧，故意站起来跑了两步，又迅速趴下来。敌人的哨兵发现有人影晃动，连忙喊道：“这边有人！”紧接着，一阵枪声传了过来。敌人被吸引到了南侧。

李爱民趁敌人不注意，飞快地将手中的几张标语贴在了炮楼墙上，又迅速翻下土坎，然后消失在黑暗之中。

天亮后，放眼望去，敌人炮楼周围到处都是抗日标语：“打倒日本帝国主义！”“中国人不打中国人！”“不要替日本人当炮灰！”“严惩不抵抗军人！”那些伪军看见自己的炮楼竟然成了宣传抗日的阵地，嘴巴都气歪了。

1943 年，李爱民的家乡白家庄沦陷为日军的阵地。村民们只好转移到东沟。但是辛辛苦苦种的庄稼不能白白地送给日军呀！于是，村长就和村民们商量，决定夜里去收麦子。

夜色漆黑，只有远处日军的炮楼上不时地射出探照灯的光。李爱民和村民们来到麦地，在黑暗中悄悄地挥动镰刀割麦。天快亮的时候，村长指挥大家将麦子捆好，准备撤回东沟。

村长走到李爱民跟前，对他说：“爱民，你走在前面，一有情况就大声咳嗽三声，乡亲们好迅速转移。”李爱民听了，二话没说，背着一小捆麦子，走在前面，不时警觉地望着四周。

眼看他们就要走出敌人的封锁区，已经能看到东沟了。忽然，右面传来一声枪响，接着他们便看到几个日本兵的身影向这边走来。李爱民心想：“坏了，肯定是碰到日军的游动哨了。怎么办？把我抓起来不要紧。乡亲们要是暴露了，那损失可就大了。”

来不及细想，李爱民就大声咳嗽了三声，并朝河滩的方向快步跑去。大伙听到李爱民的咳嗽声后，迅速疏散到路边的庄稼地里。

砰的一声枪响，小爱民的左腿被打中了。他摔倒在地上。

几个日本兵气势汹汹地跑过来。戴着眼镜的翻译大声问道：“你是干什么的？为什么看见我们就跑？”

“我来收麦子呗。”李爱民说。

“你是哪个村的?”

“白家庄。”

旁边的日军军官一听是白家庄的，就让翻译问白家庄的老百姓都躲到哪里去了。

李爱民望着翻译说：“太行山里呗。”

“你撒谎！他们肯定就在附近。你在前面带路。”翻译用手推着李爱民说。

李爱民看了看乡亲们躲藏的方向，估计他们已经安全转移了，脸上露出了一丝微笑。

看到李爱民好像没听到他说话一样，那个翻译气急败坏地说：“你听到没有，快说你们庄里人都跑到哪里去了。”李爱民还是一动不动。

就在这时，一个日本兵来报告说：“庄里的麦子已经被割完了，不知道运到哪里去了?”日军军官一听，急了，就用脚踹李爱民，一脚又一脚。李爱民倒在了地上。

日军军官踢了半天，见李爱民死活不屈服，恼羞成怒，就抽出刀向李爱民刺去。

这位 13 岁的小英雄，为了保护乡亲们和根据地的粮食，献出了自己年轻的生命。他英勇抗日的精神在他战斗过的地方，将被世世代代发扬光大。

参考文献

1. 胡安. 中国革命历史故事：五［M］. 北京：中国少年儿童出版社，1982.

2. 共青团中央少先队工作委员会，四川少年儿童出版社. 中国现代少年英雄传：李爱民［M］. 成都：四川少年儿童出版社，1985.

24. 温三郁

民族气节小模范，为民断指何足惜

温三郁，1931 年出生于河北省武强县前西代村。生活在抗日积极分子家庭，温三郁从小就从家人身上学到不少抗日的道理，十分钦佩八路军。1943 年正月，日军包围了前西代村，挨家挨户地搜查八路军。温三郁面对敌人的刑讯逼供，宁死不屈，在右手被砍掉两根指头，左手被砍掉三根指头，身上被刺数刀的情况下，依然保持气节，誓死不暴露秘密。后被晋察冀边区授予“保持民族气节小模范”光荣称号。

温三郁，1931 年出生于河北省武强县前西代村。父亲是农村小学教员，经常给他讲抗日救亡的英雄故事。哥哥是抗日区小队的司务长，经常向村民们宣传控诉日军的滔天罪行。生活在这样一个抗日积极分子家庭，温三郁的革命意识很强烈。

1941—1942 年是抗日战争最困难的阶段。日军在冀北平原地区进行反复“扫荡”，实行惨无人道的“烧光、杀光、抢光”的“三光”政策。武强这个小县被敌人安上了 31 个据点，炮楼林立，沟壕纵横。为了保存实力，准备长期斗争，按照冀中区党委的指示，前西代村的八路军主力转移了，只留下民兵、游击队在敌人的眼皮底下坚持斗争。

前西代村是个抗日模范村。温三郁家住村东头，是个堡垒户，院里挖有地道，县区干部和游击队员经常住在这里，因此，他的家便成了游击队和来往干部的活动据点。

1943 年 1 月 25 日晚，武强县第一区游击队队长、共产党员窦占一率领一个班袭击城里敌人后返回前西代村，住在温三郁家。后来由于叛徒告密，日军和汉奸特务包围了村庄。八路军十多个人寡不敌众，温三郁的父亲就带领战士们钻进了事先挖好的地道里。他们刚盖上洞口，鬼子就到了温三郁家。

敌人抓住温三郁和他的母亲，追问八路军的去向。温三郁的母亲假装听不懂，只说道："八路在山里，俺可没见过。俺家里没地道啊。"汉奸和日军把屋里上上下下翻了个遍，又问道："八路军藏在哪里，洞口在哪里？"温三郁的母亲刚说完"没有"，敌人一刺刀过来就把她的脸挑破了。温三郁的母亲被吓得昏了过去。温三郁气得直咬牙，真想立刻扑上去和敌人拼个你死我活，但为了保护八路军，他只能强忍着痛苦。汉奸们将温三郁揪到院子里问："住八路没有！村长是谁！谁家住八路！"温三郁说："我净在姥姥家住，不知道什么是八路！""不说打死你！"汉奸们面目狰狞地追问道，"哪有洞！不说非打死你不可！"一个汉奸踢了温三郁几脚说："你说了，我就不打你！"接着又一个汉奸说："你不说，我就挑了你。"温三郁抽泣着说："我净在洼里拾柴火，不知道什么是八路！我家都被你们搜遍了，有八路还不被你们拉走了？"一个汉奸嚷道："我知道你们把八路军藏在地道里了，说，地道口在哪？""不知道！"温三郁坚定地回答。

敌人你一句我一句："那不是八路的衣裳吗？"温三郁说："那是我父亲的大袄。"敌人嘟囔了几句。一个汉奸朝温三郁的胳膊刺了三次，又一枪把子打倒了他。温三郁疼得不省人事。

敌人到别家搜查去了。温三郁醒来后，母子二人吓得不敢哭。母亲嘱咐道："怎么打也别说！"眼看着敌人就要撤退了，在最后关头他们把村民武全经抓住了。武全经被敌人打了几下就说出了洞口所在地。汉奸和日军去温三郁家后院掀开了洞口。此时，在里面隐蔽的窦队长带领三名勇士跃出洞口，猛地扑向敌人，当场击毙两个日本人和三个汉奸，但终因子弹打尽，寡不敌众，全部牺牲。

后来，汉奸和日军拿温三郁撒气。他们残忍地把温三郁左手的三根指头、右手的两根指头砍掉了。

地道里剩余的战士出来后把情况报告给了县大队。县大队闻讯后立即派卫生院给温三郁送来专治外伤的药品。温三郁的伤势一天天见好。

温三郁的事迹很快传遍了冀中平原。他成了少年儿童学习的榜样。1944 年 12 月，温三郁参加了晋察冀边区召开的第二届群英大会。大会授予他一枚闪亮的银质奖章，并授予他“保持民族气节小模范”光荣称号。

参考文献

1. 罗存康. 少年儿童与抗日战争［M］. 北京：团结出版社，2015.
2. 衡水市政协文史委员会. 衡水抗日烽火［M］. 石家庄：河北人民出版社，2003.

25. 张六子

五不誓词践革命，慷慨赴死为乡亲

张六子，1929 年出身于河北省行唐县上方村的一户贫农家庭。自“七七”事变后，张六子见识了日军烧杀掳掠的行为，心里暗下决心：长大后一定要去打侵略者。怀着对日本人的憎恨，张六子加入了儿童团，并成为儿童团的分队长。他带领儿童团团员们站岗放哨、查路条，出色地完成了组织交给的任务。1943 年日本军队包围了上方村。为了给村民们通风报信，张六子毅然选择返回村庄，最终因来不及撤退而被捕。在敌人的威逼利诱下，张六子不为所动，坚守“五不”誓言，严守党的秘密，最终被敌人残忍杀害，年仅 14 岁。

在抗日战争时期，行唐县是晋察冀边区腹地的屏障，处于反日军“扫荡”“蚕食”斗争的前线。在党的领导下，这里的人民团结抗战，利用游击战、麻雀战、地道战和地雷战，灵活巧妙地给日本侵略者以沉重打击，涌现出许许多多的抗日英雄，而“模范童子军”张六子就是其中一个。

张六子 1929 年出身于河北省行唐县上方村的一户贫农家庭，因在兄弟七人中排行老六，所以名为六子。

1937 年，日军开始对中国展开全面侵略。这年 10 月，行唐县沦陷于日军的铁蹄之下。在上方村，张六子经常可以看到日本军官骑着马，挎着指挥刀，挂着望远镜，耀武扬威。日本士兵则背着上了刺刀的三八式步枪，扛着歪把子机枪，杀气腾腾。

日军烧杀抢夺，无恶不作。他们的暴行在张六子幼小的心里播下了仇恨的种子。

1938 年春，日军包围了离上方村不远的上碑村，300 多个日本兵在村子里杀人放火。到处都是枪声、喊叫声。

日军血腥屠杀上碑村的消息传到上方村后，激起了人们无尽的愤怒。张六子更是满腔怒火，怒斥道："我不打日本人就不是中国人！"

当时的上方村，在党的领导下已经成立了青救会、妇救会、儿童团等抗日组织。张六子怀着对日本人的憎恨，坚决地加入了儿童团。由于他表现积极，不久就担任了儿童团的分队长。

每天早上天刚亮，张六子就会带着他的队员们一起训练。他们有的手拿木棍，有的扛着红缨枪，很认真地操练。张六子也学着大人的样子，严肃认真的发着口令：

"稍息！

"立正！

"开步走！一二一、一二一……

"一、二、三、四！"

上方村是通往山区的必经之路，也是边区的供给线必经之路。从上方村再往西北走几十里，就是晋察冀边区行政委员会的所在地阜平县，所以上方村的特务活动很是频繁。许多干部就是因为叛徒告密而被捕牺牲的。村委会为了更好地防奸反特，就把站岗放哨、查路条的任务交给了儿童团。

张六子接到任务后，就召集小伙伴们开会商讨轮流站岗放哨的顺序和时间，然后坚决地说："不论谁要通过，都要有路条，绝不能放过一个坏蛋！听清楚了吗？"

"听清了！"小伙伴们齐声回答。

有时候，一些忘带路条的人非要过去，张六子就和小伙伴们说："同志，你到哪里去，通行证儿你可带着哩？拿出来看看。拿出来看，你才能过去。因为情况关系，我们马虎不得，马虎不得。"

要是说完一段还不行，张六子就和小伙伴们接着说："同志，你听我说，这事可不怨我。儿童团站岗今天轮到我，我不得不问，我不得不说，我不得不这样做。这是上级交给的任务。我就得这样做。”

当时日本人经常搞“远道突袭”，再加上上方村是反“蚕食”的前沿，所以儿童团站岗放哨就跟上前线打仗一样。

1941年，太平洋战争爆发。日军停止了对国民党的战略性进攻，对解放区进行所谓“强化治安”，采取“蚕食”“扫荡”，实行野蛮的“三光政策”。

在这种情况下，一些危险性较大的任务就不允许儿童团参加了。张六子坚决听从上级指示，不组织小伙伴们去参加危险性活动，但他自己偷偷地跟着大人们一起行动。

上方村东面几十里的平汉铁路是日军的主要运输线。为了掐断日军的“大动脉”，村里经常组织村民去破坏铁路。夜里，张六子经常趁别人不注意，偷偷跟在队伍后面，拧螺丝、撬铁轨、站岗放哨，虽然总会被大人们勒令赶紧回去，但他从不退却，总是坚决地说：“不，我也要去扒鬼子的铁道。”

1942年，日军对边区实行了更为残酷的“蚕食”“扫荡”。上方村常驻在此的主力部队、区小队不断地袭击第一道封锁线上的特务、汉奸；村委会也组织民兵游击组抓特务、汉奸，埋地雷，配合区小队行动，狠狠打击了日军的嚣张气焰。

作为反“蚕食”“扫荡”的前哨阵地，上方村自然成了日军欲除之而后快的眼中钉、肉中刺。

形势越来越严峻。儿童团的责任也越来越重。张六子经常嘱咐小伙伴们：“日本人不知道什么时候会袭击我们村，所以，大家站岗放哨的时候要特别小心，不能放过一个没路条的。能做到吗？”

“能做到！”儿童团团员们齐刷刷地回答。

接着，张六子又神色严肃地问：“要是我们被日本人抓住怎么办？”

“不给敌人带路，不给敌人送信，不吃敌人的糖，不念敌人的书，不告诉敌人藏粮的地方。”儿童团团员们大声念着“五不”誓约。

1943年正月初三的早晨，天刚刚微亮，村外就传来放哨民兵报警的手榴弹的爆炸声。此时，驻扎在附近的日军采取“扑捉奇袭”的战术，正在合围上方村，妄图将驻扎在这里的八路军、后方机关一网打尽，把埋藏在地下的粮食抢走。

听到声响的张六子立马穿好衣服，迅速地跑到村外，发现日军正在向村子逼近，心里非常着急：“宁可自己被敌人抓住，也要让更多的乡亲们转移。”张六子下定了决心，飞快地向村里跑去。

“日本人来啦，大家快往村外跑！”张六子一边跑一边大声喊着。

“你也快往村外跑吧，要不就来不及了。”往村外跑的乡亲们对张六子说。

“你们先跑吧，我再喊几声。”

“日本人来啦，快往村外跑！”

等到乡亲们差不多都知道日本人来了，张六子才开始往村外跑，但已经来不及了。日军已经包围了村子，封锁了路口，正在向村里逼近。

张六子见自己已经出不去了，就藏到一个老乡的院里。

有几个日本人在追赶一只老母鸡时，发现了藏在院中的张六子。他们见张六子穿得干干净净，脖子上还挂着一个口哨，就知道他不一般。

“小孩儿，吃糖。”鬼子假惺惺地说。

“我不吃！”张六子好像受到了莫大的侮辱，愤怒地将糖果扔在地上。

“谁是抗日干部？公粮藏在哪里？”

“我不知道！”

“你不说，我就打死你！”

“就算打死我，我也不知道！”

敌人见张六子软硬不吃，就把他绑在一颗大槐树上，然后又在张六子周围堆放柴草。

“粮食藏在哪？说出来就放你，不说就烧死你！”敌人咆哮着。

“不知道！”张六子斩钉截铁地说。

只见日军军官拿着火把，伸到张六子的下巴下：“说不说？不说就烧死你！”

张六子疼痛难忍，额头上冒着豆大的汗珠，但他依然咬紧牙关，在心里默念着“五不”誓言。

敌人见张六子还是不说，就点燃了他周围的柴草。顷刻间，火焰熊熊，但张六子依旧怒目圆睁：“就算烧死我，我也不说！”

“不能让他死，一定要让他说出来！”

汉奸又把张六子从树上解下来，推着他去找公粮和抗日干部。敌人一边推着张六子一边问：“这儿是不是藏公粮的地方？这儿是不是抗日干部的家？”

张六子已经被敌人折磨得快死了，但他依旧一言不发。

最后，敌人无计可施，竟举起石头朝张六子的脑袋上砸了下去。张六子英勇就义。

年仅 14 岁的张六子，牢记“五不”誓言，为革命宁死不屈。他视死如归的革命精神，表现了中华儿女的铮铮铁骨和民族气节。后来，《晋察冀日报》报道了他严守秘密、宁死不屈的光辉事迹。北岳区追认他为“模范童子军”。

参考文献

1. 中国少年先锋队全国工作委员会. 中华少年风采录：英勇就义卷［M］. 沈阳：辽宁少年儿童出版社，1990.

2. 罗存康. 少年儿童与抗日战争［M］. 北京：团结出版社，2015.

26. 黄　友

东江小鬼黄友仔，染血满袖诉忠魂

黄友，1928 年出生在广东省东莞县凤岗凤德岭村。1940 年参加游击队，最初在廖彪中队当通讯员，后到小鬼班当战士。1942 年 4 月，参加攻打龙华国民党军战斗，因作战勇敢被提升为副班长。1944 年 1 月，日军包围虾公潭村，将群众集中起来用毒气熏。在紧急关头，黄友带领小鬼班冲入敌群，毙伤 10 多名敌人，解救了群众，因此被提拔为小鬼班班长。2 月，其所在的何通独立中队攻打平湖凤凰山上敌人的碉堡。黄友带领小鬼班作为突击队。黄友身先士卒，击毙敌机枪手，战后加入中国共产党。不久，何通独立中队攻打平湖附近敌人据点。小鬼班又担负突击任务，俘虏敌人 80 多人。战斗结束，小鬼班在撤退到老虎山下沙岭时，与前来截击的藤本大队 400 多名日兵遭遇。黄友率小鬼班 6 名战士为掩护部队撤退转移，战斗 11 个小时，最后全部牺牲。1944 年东江纵队司令部通报表彰黄友，延安中共中央追认其为“广东人民抗日游击战争战斗英雄”“中国共产党模范党员”。

黄友是广东省东莞县凤岗凤德岭村人。大家都叫他黄友仔。他家境贫穷，父亲早年离乡去南洋谋生，一去就杳无音信。黄友自幼靠祖父和母亲抚养。他小时候在村里读过四年书，后来跟爷爷帮人家看牛，挣些钱补贴家用，从小就养成了顽强勇敢的性格。

1940 年冬，日军侵占了东莞大片山河，到处烧杀掳掠，残害百姓。

这时，年仅12岁的黄友积极要求加入游击队。首长见他还没有枪高，就劝他长大后再说。黄友不甘心，对首长软磨硬泡，最后首长只好带他去参队。黄友参队后，最初在廖彪中队当通讯员。当时因缺乏枪支，队里没有发枪给他。看到战友们都带着枪，黄友羡慕极了。连队进行军事技术训练时，他跟着摸爬滚打，十分认真，但唯一气不过的是，别人都有枪，他却两手空空。不久，黄友干脆要求到连队去当战士。游击队首长只好让他到小鬼班当战士。

1942年4月，国民党放出“反攻香港”的烟幕，出动四个支队向宝安抗日根据地发动进攻，占领龙华、乌石岩等地，然后分路向阳台山合围。为了打击敌人的嚣张气焰，连队决定攻打龙华。黄友在这次战斗中作战勇猛，不久被提升为小鬼班副班长，他所在的中队也被改编为何通独立中队。

一次，何通独立中队在清溪三峰和日军正面遭遇。黄友和小鬼班的战友们英勇突击，将敌人赶入甘蔗林。只见黄友一马当先，冲入甘蔗林，与迎面扑来的日军搏斗。日军用刺刀向他刺过来。他来不及躲闪，大腿被刺伤了。此时的黄友怒火冲天，不顾伤痛，一枪就把敌人打倒在地，缴获了一支“三八”枪。黄友拿着自己缴获的第一把枪，什么伤痛都忘记了。

1944年临近春节，何通独立中队在凤岗一带掩蔽。1月21日，驻在平湖的日军一个小队和伪军一个连队，趁着村民准备过春节，突然把虾公潭村围了起来，把全村的壮丁驱禁于村后的塘寮里，惨无人道地使用毒气，想毒杀壮丁们。地方党及时把这个情况通知了何通独立中队。此时的中队只有48个人、1挺机枪、20多支步枪。虽然双方武器、兵力悬殊，但中队长何通依然果断地带领队伍冲上去。战斗一打响，黄友就带着小鬼班如猛虎般冲过去，很快就把敌人冲垮了。我军取得了战斗的胜利，解救了虾公潭垂死的壮丁。

这一战使黄友名声大噪，迅即被提升为小鬼班班长。小鬼班作战勇敢、纪律严明，成为何通独立中队的“英雄班”“老虎班”。

经过这次战役的打击，日军在平湖凤凰山上筑起堡垒，设立军事暗哨，安排一个班驻守，并配有一挺机枪。何通经过几天的连续侦查，得知敌人天天早出晚归，于是决定趁此机会一举歼灭敌人。2 月 25 日晚上，中队在何通带领下，悄悄爬上凤凰山，布置四个班在山顶，形成交叉火力，准备狙击上山的敌人。小鬼班为突击班。另一个班埋伏于凤凰山西侧红猪岭，阻击敌人的增援。一切准备就绪，只待敌人的到来。

当太阳徐徐升起的时候，敌人来了。当他们走到距我军阵地 100 米时，我军机枪手开枪早了一点，日军虽被打倒一片，但由于距离较远，有的还在挣扎顽抗。黄友奋勇当先，带着小鬼班猛扑过去，一枪击毙敌人的机枪手，把机枪缴了过来。我军取得了这一战的胜利，在群众中的威信也大大提高。

黄友在战斗中负伤，掩蔽在山脚下养伤，可不到一个月他就要求归队了。这时，部队扩展到四个排，每个排都有一个小鬼班。黄友所在的小鬼班还担负着培养其他小鬼班的任务。

此时的日军不甘心失败，发动了五路围攻。在粉碎了日军的围攻后，何通独立中队准备发动平湖战斗，把藤本的威风打下去。

当时，藤本有一个大队和一个中队驻在平湖，还有一个一百多人的伪军大队驻在附近。7 月 22 日凌晨，黄友率领小鬼班随何通独立中队参加平湖歼灭战。战斗打响后，黄友带着小鬼班勇猛地突击上去，打死日本顾问一名，并冲入伪警察大队部，俘虏八十多人，缴获八九十支枪。

解决伪军后，何通独立中队马上撤退，黄友仍率领小鬼班在前面当尖兵。部队走到老虎山下的沙岭时，发现藤本大队四百多人正沿着平（湖）龙（岗）公路开过来。何通命令黄友率领小鬼班阻击敌人，掩护中队主力撤退。何通严肃地说："情况紧急，你一定要完成任务。不管付出多大的牺牲，也要使主力部队安全撤出。"黄友二话没说，带领队员们迅速插向老虎山。

黄友在老虎山下仔细观察着周围地形。老虎山虽然不高，但如果让敌人占领了，就会威胁到中队的安全撤退。黄友顿时感到肩上的责任异常沉重。他和战友们扛起枪，卷起衣袖，顽强地阻击着敌人的进攻，一直坚持了一个钟头。在日军的轮番进攻下，山上的树木变得光秃秃的，战友们都牺牲了，黄友也几处受伤。他不顾伤口的疼痛，只身坚守阵地，阻击敌人。

黄友从口袋里掏出《党员须知》，把它撕烂了，又从挂包里掏出了党的文件，埋到泥浆里。然后端起双枪，趴在阵地前，射出一颗又一颗子弹。当他打完最后一颗子弹时，望着主力部队撤退的去路，宽慰地笑了。他吃力地把自己的两支枪砸断，藏在泥浆里，挺着受了重伤的身躯爬起来，直挺挺地站着，准备同敌人做最后的拼搏。最后，他不幸身中数刀，壮烈殉国，年仅 16 岁。

1944 年 11 月，广东人民抗日游击队东江纵队司令部把黄友等人的事迹通报全军，称赞他们为“抗日英雄”。黄友所在班被正式命名为“黄友班”。中共中央追认黄友为“广东人民抗日游击战争战斗英雄”“中国共产党模范党员”。

参考文献

1. 中共宝安县委党史办公室. 大鹏忠魂：宝安革命烈士传［M］. 广州：广东人民出版社，1989.

2. 中共东莞市委党史研究室. 东莞抗日实录［M］. 北京：中共党史出版社，2006.

27. 吴占山

少年仗剑勇参军，硝云弹雨斯不惧

吴占山，河北省青龙县人。他少年时投身革命，跟着共产党抗击日军。1945 年日本投降后，他随县长周鸣岐进入锦西，是周鸣岐的警卫员，形影不离地保卫首长安全。1945 年 11 月 22 日，国民党军队进攻锦西。由于敌众我寡，吴占山在战斗中腹部受伤。为了掩护首长和同志们撤退，他坚持战斗到了最后一刻，牺牲时只有 19 岁。

吴占山家住河北省青龙县，其父早年去世。由于日军侵略中国华北，社会动荡不安，生活非常艰苦。每当日本人前来“扫荡”，他就跟随老幼妇女们躲进山沟。自从共产党领导的武工队到达青龙县，吴占山就变得异常活跃，整天围在同志们身边，给他们带路、送信，陪武工队到贫苦人家访问，细听抗日革命道理。

1943 年，八路军大部队开进了冀东山区，成立冀热边区特委，由李运昌任特委书记。这时部队扩大队伍准备打击日军。17 岁的吴占山缠住领导非要参军不可。这支军队在人民的支援下，连续打了几次大胜仗。一到休息时，吴占山就拉住老同志要求讲战斗故事，听完了还提出一些问题。没有任务的时候，他就替别人擦枪、站岗，打起仗来机灵勇敢，深受大家的喜欢。

在部队的努力下，革命根据地不断巩固扩大。1945 年春，冀热辽边区成立，不断打击敌人的进攻。8 月上旬，党中央命令部队向东北进攻。日军投降的消息极大地鼓舞了全体战士。三天以后，部队挑选了一批人组成辽西地委，分别接收锦州各县。其中 18 人被指定换下军装接收锦西，小战士吴占山被锦西特派员周鸣岐选去当警卫员。另有一个排配合他们维护地方治安。

吴占山跟周鸣岐日夜深入锦西县的矿山、海岛、农村调查民情。受日本人残酷折磨 14 年的矿工、渔民和穷苦农民，把八路军看作抗日英雄和救命恩人，热情款待他们。吴占山平生第一次受到群众这样的尊重，心中无比自豪，衷心地愿为他们服务。

几天之后，辽西地委陆续派来三批干部。周鸣岐召开党内干部会，传达、布置党的主要工作任务：一是接管敌伪政权；二是建立人民政府；三是宣传党的方针政策；四是安定民心，恢复生产；五是扩大武装，补充兵源。

八路军进入锦西后，伪县长景阳春表面积极，但不配合八路军工作，内心另有打算。人民政府建立后，他同伪财政科科长于培喜贪污财物，并与国民党地下组织勾结，指使伪警察联络红螺山一带土匪，夜间入城放冷枪，企图杀害共产党的党政干部，扼杀新政权。周鸣岐得知情况后，从部队调一部分武装在县公署院内警卫。9 月 14 日，周鸣岐以召开会议为名，把全体军政人员集中在一起，并通知景阳春、于培喜二人到办公室议事。当景、于二人走进办公室时，警卫员殷占波和吴占山立即下了他们的手枪，并把他们捆了起来，押到警察署的班房里。景、于二人顽固不化，拒不交代问题。9 月 18 日，公安大队把景、于二人押到小南庄大坑边就地枪决。19 日，锦西县人民政府宣布正式成立，同时建立了县公安大队。县公安大队成为共产党领导下的锦西县第一支人民武装。

吴占山在复杂的政治环境中坚定了革命立场，跟周鸣岐县长乘汽车下乡工作，严密保卫，并在城内组织工人护厂队、取缔“压会”赌博、封闭妓院、打开当铺返还财物。各项工作他都冲在前面，为人民做了许多好事。这个天真活泼的少年成了机智勇敢的警卫战士。

正当共产党在葫芦岛地区打开局面时，国民党向东北大举进攻。中共中央为了保存有生力量，指示东北的党政军同志做暂时的战略性退却，到农村去建立革命根据地。

县政府执行上级指示，向各区布置完撤退的任务，正要组织群众切断铁路时，11 月 22 日上午国民党军突然攻入锦西。县公安大队被敌人包围，副大队长刘青山牺牲。周鸣岐县长命吴占山集合警卫队一齐突围。汽车打不着火，总务科科长赵德才就套上四轮马车向火车站方向撤退。吴占山跳上驾驭台，站在车夫旁边持枪开路，警卫员殷占波和郑宝章分立两边车蹬上，共同保卫首长突围，党政干部 30 多人则紧紧跟随。敌人尾追不舍，喊叫声和枪声混在一起。

马车到转盘路口时，赶来的敌人用机枪向他们射来密集的子弹。大家寻找有利地形展开还击。车上的人下来边走边打。很快，敌人封锁了退路。周鸣岐县长腿部负伤，忍痛指挥战斗。吴占山临危不惧，抡起转盘枪左右冲杀，压住敌人火力，掩护大家撤退。到城关区政府门前时，吴占山不幸腹部中弹倒下。他不哭不喊，脸上冒出大汗珠，两手向钢枪够去。周鸣岐县长急令殷占波去背他。吴占山自知伤势严重，唯恐拖累同志，坚决不肯让人背，忍着剧痛说："周县长，你们快走，别管我！"

这时敌人逼近了。殷占波拿起战友的转盘枪，猛烈地向敌人射出子弹。趁敌人后退之机，同志们心如刀绞，噙着泪水离开了朝夕相处的战友，迅速撤离战场。吴占山为解放锦西，为保卫首长和同志们安全转移，献出了年仅 19 岁的生命。

参考文献

1. 白俊山. 辽西青少年英烈［M］. 辽宁：辽宁大学出版社，1991.
2. 赵祥春. 葫芦岛地方史文集［M］. 北京：中国广播电视出版社，2007.

28. 周银海

贪生怕死非好汉，视死如归真英雄

周银海，1933年生于江苏靖江侯河乡幸福村。家庭十分贫困，主要靠租种地主的田地来糊口度日。1943年，周银海参加了儿童团，经常为新四军、乡村干部站岗放哨，每次都能出色地完成任务。不久，他当上了儿童团团长。1947年，为了保卫共产党员和革命干部，不幸被国民党反动派抓住，光荣牺牲，年仅14岁。

“大刀向鬼子们的头上砍去！……看准那敌人，把他消灭！把他消灭！冲啊！……”这首抗日歌曲曾经被广为传唱，在抗日战争时期成为支撑中国人民抗战的精神力量。

周银海就是在这样的歌声中逐渐成长起来的。1933年，他出生在江苏靖江侯河乡幸福村。从小家里就非常贫困。家中姐弟七人，他排行老五。由于孩子多，全家经常吃上顿没下顿。家中主要靠父母租种本村地主的十多亩田地来勉强糊口。幼小的周银海知道父母很辛苦，就经常帮父母干活。遇到年成不好的时候，一家人只能挖点野菜来充饥。

1940年冬，共产党领导的新四军抗日武装队来到了周银海的家乡，使他终于有机会入学读书，接受革命教育。周银海就读于家乡的准提庵小学。在第一堂课上，老师就教他们：“我是中国人，我爱自己的祖国！”在学校的教育下，周银海逐渐懂得了“只有跟着共产党干革命，人民才能翻身”的道理。

1943年，为了更好地开展革命工作，乡里决定成立儿童团。周银海听到消息后高兴地报了名，成了一名光荣的儿童团团员。从此，他白天去学校上课，晚上做完作业后就到村头站岗、放哨、盘查路人。他不再贪玩了，草丛里的蛐蛐叫得再欢，也不能吸引他的注意力。他时刻谨慎地望着四周，以防敌人偷袭。每次他都能出色地完成任务，博得了乡亲们的一致好评。

有一天傍晚，周银海扛着红缨枪在村路口站岗。突然前面来了一个陌生人。这个人身穿长袍，头戴礼帽，腋下还夹着一个小布袋，一副斯斯文文的样子，表面看起来像个教书先生。周银海心想："怎么从来没有见过这个人？得好好查问一下。"

"站住，你是谁？来这里干什么？"周银海举着红缨枪，拦住了来人的去路。

那人见此情况，立即停下了脚步，微笑着说："我是从县里来的，到你们村里办事。"

周银海依然要盘查到底，接着问："那你有路条吗？"

那人正要从口袋里掏出路条给周银海看，这时，乡农抗会吴会长正好路过此地。一看来人是县委的陈部长，吴会长连忙上去和他握手，嘴里还说着："陈部长，欢迎你啊！走这么远的路，辛苦了。"

吴会长望着旁边的周银海哈哈大笑说："银海啊，这是县委的陈部长，来我们村指导工作的。"

"果真是县委的同志呀。"周银海红着脸，不好意思地说，"陈部长，我……"

陈部长也哈哈大笑起来，爽朗地说："这个娃子好啊，办事儿认真，是个好苗子。"接着陈部长又鼓励他说："还要好好学习，跟着共产党好好干革命啊。"

周银海坚定地点点头，心里暗暗地下定决心，要跟着共产党不断前进，在儿童团里要干得更认真。

不久之后，农抗会看周银海觉悟高，又肯吃苦，就让他当了儿童团团长。此后，周银海经常带领儿童团团员们在村里唱歌、训练，在路口站岗、放哨，工作更加认真了。

有一次，运输队在给新四军送粮食时被敌人发现了。通往新四军驻地的途中只有一座桥。运输队在村民们的帮助下，在敌人之前过了桥。但后面的敌人依然穷追不舍。眼看敌人就要追上了，护送运输队的民兵们决定拆断路桥，阻止敌人前进。周银海当即叫来村里的儿童团团员，他们有的放哨，有的帮民兵搬木头，终于和民兵们一起连夜把小桥拆了。

当后面的敌人赶来时，看着滚滚江水，气得直跺脚。周银海和儿童团团员们给运输队帮了很大的忙，受到了乡村干部和村民们的表扬。

1945年年初，新四军决定攻打生祠堂伪据点。为了防止白衣堂据点的伪军支援，在乡民兵队长的率领下，周银海夜晚带着儿童团与民兵一起在路上放哨，以便民兵割电线、毁木桥。不久战斗打响。白衣堂伪军前去支援时发现木桥已被破坏，过不了河，只好绕道。等他们赶到时，战斗已经结束了。

在抗日战争期间，由于减租减息政策的实行，地主对农民的剥削有所减轻。抗战胜利后，地主又开始残酷剥削农民。1946年秋，土地改革运动在周银海的家乡展开了。

周银海的家乡主要有八个大地主。这些地主非常刻薄贪婪，像吸血鬼一样对农民进行残酷剥削和压迫。在土地改革运动中，农民开始了轰轰烈烈的“翻身做主人”的革命。周银海表现得非常积极，他带领儿童团团员配合民兵监视地主的行动，还带领儿童团高呼口号，使斗争大会开得十分激烈。

1946年冬，国民党军队对靖江实行重点“清剿”。侯河区是靖江的老解放区，迎祥乡又是靖江土地改革实验乡，所以国民党反动派决心要将这里的共产党员和革命干部赶尽杀绝。

迎祥乡的党组织得到情报后，于1947年1月中旬在准提庵小学召开会议，研究如何开展反“清剿”斗争。会前，周银海接到了站岗放哨的任务。

1947年1月18日清晨，正趴在大树上放哨的周银海发现一群人影在挪动。“不好！国民党军队来了。”他赶忙从大树上下来，飞快地跑向准提庵小学，通知正在那里开会的乡干部，要他们立即转移。

乡干部们从后门撤退了。为了转移敌人的视线，让乡干部们能有更多的时间撤退，周银海又跑回了路口。这时几十个敌人已经拿着枪往这边跑来。周银海挺身而出，故意将自己暴露在敌人的视线之下。敌人被引开后，乡干部们安全地转移了，周银海却落入了敌人的魔掌。

敌人将周银海押到团部，对他进行了残酷的审讯。

敌军营长恶狠狠地逼问他："你知道谁是共产党的干部家属？"

周银海坚定地说："我不知道！"

"来呀，给我用刑，看他招不招。"敌军营长气愤地说。

士兵们把周银海按倒在地，一边压杠子，一边问他："说不说？"

在剧痛之下，年幼的周银海昏了过去。敌人又用冷水将他泼醒。周银海看着凶神恶煞的敌人，一字一句地说："你们这些狗东西，就算打死我，我也不知道！"

残酷的审讯从上午持续到深夜，周银海一次次昏过去，又一次次被冷水泼醒。但这个钢铁般的少年始终没有屈服，没有向敌人透露半点党的机密。

第二天，周银海和一大批群众一起被押到一户地主家的大晒场上。四周架起机枪，气氛十分紧张。

敌营长走到人群中，叫士兵把周银海捆绑起来，并把他拉到群众面前说："你看一看，这里谁是干部？谁是共产党员？谁是干部家属？"还威胁他说："如果你还不说，我就放狗咬死你。"

周银海毫不畏惧，斩钉截铁地说："我不知道！"然后大声喊道："乡亲们，反动派的日子不会长久了。解放军一定会打回来的！"

残忍的敌人见周银海还是不招，无计可施，就放出狼犬。凶残的狼犬将周银海扑倒在地。顷刻之间，周银海身上被咬得血肉模糊。在场的群众泣不成声。

这时，敌营长见周银海还不屈服，就气急败坏地说："给我枪毙了。"

气息奄奄的周银海被两个刽子手拉到晒场西南角。罪恶的子弹射向了他年幼的身躯。小英雄就这样壮烈地牺牲在自己家乡的土地上，年仅14岁。

周银海虽然牺牲了，但是他视死如归、顽强不屈的精神激励着一代又一代人，鼓舞着他们不断前进。

参考文献

1. 靖江县志编纂办公室. 靖江县志［M］. 南京：江苏人民出版社，1992.
2. 靖江市史志档案办公室，靖江市民政局. 靖江英烈［M］. 南京：河海大学出版社，2000.
3. 苏增耀. 江之阳［M］. 北京：中国文史出版社，2003.

29. 师冬至

视死如归意志坚，为国捐躯心志高

师冬至，出身于河南省获嘉县师庄村一个贫苦的雇农家庭。从记事起，他就是在苦水中泡大的孩子。在解放战争时期，年仅15岁的他当上了师庄村儿童团团长。他带领儿童团团员们站岗、放哨、传送情报、盘查路人，做事认真负责、小心谨慎。1947年11月，他被凶残的敌人杀害于获嘉城东关刑场。

师冬至出生在动乱的战争年代。日本侵华时，他的父亲被日军残忍杀害，姐姐被卖给别人当童养媳，由于家里实在贫困，母亲甚至含泪将刚出生的弟弟送给了别人。为了生存，母亲带着师冬至四处流浪，讨饭糊口，几天吃不上饭是常有的事。

后来，经过十四年浴血奋战的中国人民终于打败了日本帝国主义，取得了反法西斯战争的伟大胜利。但是蒋介石在美帝国主义的支持下，撕毁了国共签订的和平协定，挑起内战，妄图一举消灭中国共产党及其领导的人民武装，建立他的独裁统治。中国共产党领导中国人民奋起反抗，从此中国进入了解放战争时期。穷困潦倒的中国人民仍然生活在水深火热之中。

在苦水中泡大的师冬至饱尝了被压迫、受欺凌的辛酸和痛苦，是共产党和解放军解救了他、教育了他，因此，他对共产党和解放军怀有深厚的感情。

1947年下半年，解放战争进入战略反攻阶段，国民党反动派在中国的统治已江河日下。河南省获嘉县地方党组织和地方武装积极配合人民解放军粉碎国民党向解放区的军事进攻。轰轰烈烈的土地改革运动极大地调动了当地广大农民的革命、生产积极性，使解放区面貌发生了巨大的变化。广大农民包括农村儿童团也积极行动起来，为革命做力所能及的事。

在党的亲切关怀下，师冬至像久旱的禾苗得到春雨一样迅速成长。15 岁的师冬至当上儿童团团长以后，带领全村 60 多名儿童团团员站岗、放哨、传送情报、盘查路人，为革命特别是师庄村的解放立下了不少功劳，常常受到上级领导的夸奖和表扬。

在风险重重的战争年代，师冬至总能够避开敌岗哨的盘查，把情报及时地送到获嘉县地下党员手里。每当中国共产党领导农民在村里召开打地主、斗恶霸的大会时，师冬至总是勇敢地站出来控诉地主、恶霸的累累罪行。在农忙季节，师冬至会组织儿童团团员给军烈属帮忙，为村里的孤寡老人干农活，常常累得满头大汗，赢得了全村老少的一致称赞。

1947 年 11 月 9 日傍晚，师庄村一片欢腾，因为解放军赶走了驻扎在这里的国民党反动派，全村老百姓获得了解放，当家做主人了。县民主政府派驻师庄村的工作员魏根水和村干部正在召开全村群众大会。现场一片喜气洋洋的氛围。

一会儿，师冬至气喘吁吁地来到魏根水身旁，低声说道："今天跑到三个村去送信，加上蹚水绕道，没能按时赶回来参加大会，请领导批评。"

魏根水看师冬至满头大汗，浑身泥水，十分心疼地说："小鬼，还没吃饭吧？赶快回家吃饭、换衣服。回头我再和你这个小鬼算账！"

师冬至向魏根水挤挤眼，调皮地笑了。他急匆匆地跑入儿童团的队列，领着团员们呼口号，指挥唱歌曲，好像当天根本就没跑那么多路一样。

这天深夜，西北风卷起枯叶和黄沙，呼啸而来。开完会的师冬至回到家里，急匆匆地扒完了妈妈早已准备好的热腾腾的两碗饭，突然想到当晚是民兵队长和班长值班，又急忙跑到村民兵队部。

当他气喘吁吁地跑到村民兵队部时，民兵队长逯景元和班长吕法明正在商量事情。一看到师冬至来了，队长和蔼地对他说："冬至，天凉了，你快回家休息吧。"

"不要紧的，我晚上就睡在这里，万一夜间有什么事情，也多个跑腿的。"师冬至喘着气说。

"那好吧，我先派一个民兵在外边放哨。你和吕法明先在屋子里休息吧。我一会儿也过来。"

逯景元对屋子外边的哨兵交代完事情以后，便也进屋子休息了。由于近几天太疲劳了，三个人很快进入了梦乡。

然而此时，被打败的敌人并不甘心，时刻计划着反扑过来。这天夜里，红枪会头子吕声厚策动师庄村十多名被斗争清财的反动地富，在狂风和夜幕的掩护下，幽灵一般地窜到师庄村民兵队部。他们看见队部门口只站着一个哨兵，便从两边包抄过去，用毛巾堵住哨兵的嘴巴，并把他牢牢地捆绑起来。

正巧，这时师冬至起来小便，听到屋子外边有异常的响声，马上警觉起来。

"队长，班长，快醒醒。"师冬至急忙喊。

正在这时，"咚"的一声，村民兵队部的门被撞开了，十几个暴徒拿着枪和绳子一拥而上，向师冬至等三人扑了过来。三人还没来得及拿起武器，就被凶神恶煞的暴徒按倒在地上。

一看到吕声厚，队长瞪着眼睛说："原来是你这个反动分子。"

"是我又怎么样。我跟弟兄们报仇来了。"吕声厚奸笑着说，"废话少说，给我绑起来！"

接着，暴徒们将师冬至等三人绑起来，并用毛巾塞住了他们的嘴巴。

"快走。"暴徒们推着师冬至他们向敌占区走去。走到卫河桥时，暴徒们还在对师冬至等人推推搡搡的。由于嘴被堵住了，逯景元狠狠地瞪了这些暴徒一眼。

“哼，都死到临头了，还摆什么威风。”暴徒恶狠狠地说。

三人被暴徒们连夜押到国民党获嘉县政府监狱，在那里遭到了敌人的毒打和折磨。敌人施展浑身解数，想从他们三人口中套出共产党的秘密。虽然凶残的敌人用了种种酷刑，三人疼得一次次晕厥，又一次次被冰冷的凉水泼醒，但他们宁死不屈，始终没有一个人向敌人吐露半点党的机密。

由于三人当中师冬至年龄最小，敌军头子以为师冬至会就范，于是故意摆出各种惩罚犯人的刑具，威胁师冬至说：“看你年纪轻轻的。如果你不招，我们就要把最厉害的刑罚拿出来了。到时候你可受不了皮肉之苦的。”

师冬至怒斥敌人：“你吓唬不了我。这些刑具只能吓唬软骨头。”

敌人气得大骂：“小东西，还这么不老实！难道你不怕死？”

师冬至冷笑道：“怕死？怕死就不闹革命了。就是上刀山入火海，我也决不说共产党半个不字。”

穷凶极恶的国民党反动派彻夜对这个15岁的孩子使用了酷刑，但师冬至坚强的革命意志在这酷刑面前一点也未动摇。敌人完全失败了。

看到从他们三人嘴里实在是得不到有价值的东西，穷凶极恶的敌人准备下毒手了。11月25日，凶残的敌人把师冬至、逯景元、吕法明三人押到了获嘉城东关刑场，先把他们绑在木桩上，然后敌人用大刀将逯景元和吕法明杀害。敌人还抱着最后一丝幻想。他们用血淋淋的大刀指着师冬至，说：“再给你最后一次机会，你到底投降不投降？”

师冬至满腔怒火，大骂敌人道：“你们这些刽子手，吃人的豺狼！我死也不投降！你们等着吧，解放军会为我们报仇的！”

敌人恼羞成怒，把枪口对准了师冬至的胸膛。

师冬至视死如归，昂首高呼：“共产党万岁！”

罪恶的枪声响起。就这样，敌人凶残地将年仅15岁的师冬至杀害了。

1948年11月，解放军为师冬至他们报了仇，推翻了国民党反动派在获嘉县的反动统治。

参考文献

1. 谭克绳，欧阳植梁. 鄂豫皖革命根据地斗争史简编［M］. 北京：解放军出版社，1987.

2. 中共河南省委党史研究室，中共安徽省委党史研究室. 鄂豫皖革命根据地史［M］. 合肥：安徽人民出版社，1998.

3. 中共河南省委党史研究室. 豫皖苏边区革命史［M］. 郑州：河南人民出版社，2001.

30. 刘胡兰

怕死不当共产党，断头流血誓不悔

刘胡兰，1932 年出生于山西省文水县云周西村。1942 年加入当地组织的儿童团并担任团长。1945 年 10 月，刘胡兰进入妇女干部训练班学习并于 1946 年 5 月调任第五区抗联的妇女干事。1946 年 6 月，她光荣地成为中国共产党预备党员。1947 年 1 月 12 日，她被突然袭击的敌人逮捕，宁死不屈，光荣牺牲，年仅 15 岁。毛主席为其题词“生的伟大，死的光荣”。

刘胡兰，1932 年出生于山西省文水县云周西村，原名刘富兰。在她 4 岁时，生母因病去世，继母胡文秀将她名字中的“富”字改为自己的姓氏“胡”字，于是她正式更名为刘胡兰。

1937 年 7 月 7 日，卢沟桥事变发生，抗日战争全面爆发。文水县的乡亲们在中国共产党的领导下积极组织抗日游击队，支援中国的全面抗战，与日本侵略者展开了英勇的斗争。

1938 年 5 月，文水县的抗日游击队在离云周西村 25 公里远的大象镇成功地伏击了日本侵略军。同年，在文水县担任县长的共产党员顾永田来到云周西村向乡亲们宣传抗日救国的道理，并讲述了许多抗战事迹。刘胡兰在旁边听得非常认真，在小小的内心深处就种下了革命的火种。

1942 年，村里组织起儿童团。10 岁的刘胡兰被选为儿童团团长。小小年纪的她带领着伙伴们勤快地站岗、放哨、查路条，为八路军侦察敌情、运送武器和弹药，掩护抗日的干部，为抗日战争的胜利做了不少的贡献。

1942 年，中共文水县敌后工作委员会成立。刘胡兰常常跟随武工队队员到各地散发传单、张贴标语。在艰苦的抗日战争岁月中，许多优秀的共产党员都为革命献出了自己宝贵的生命。他们宁死不屈和视死如归的精神深深影响了刘胡兰。在革命的洗礼之中，在干部的教育之下，在先烈的悲壮精神影响之下，刘胡兰坚定地走上了革命的道路。

1945 年，长达十四年的抗日战争终于结束了，可是中国并没有恢复和平。以蒋介石为首的国民党反动派为了建立自己的独裁统治发动了反共、反人民的内战。爱好和平的中国共产党和广大人民不得不再次投入腥风血雨的解放战争之中，刘胡兰也再次投入了新的战斗。

1945 年 10 月，中共文水县委举办了妇女干部训练班，专门为革命培训优秀的妇女干部。刘胡兰参加了妇女干部训练班的培训，并担任小组长。虽然培训非常辛苦，但是刘胡兰不畏艰苦，潜心学习，还常常帮助同学们拾柴、烧饭，与同学们谈心，做力所能及的事情。由于反动派的骚扰和破坏，妇女干部训练班多次转移。在转移的时候，刘胡兰总是帮助体弱的同学扛行李、背粮食，不喊苦、不叫累。她常常鼓励大家说："八路军打仗连死都不怕，我们哪能怕困难啊！"在当地召开的"反霸群众大会"上，刘胡兰登台发言。她慷慨激昂地揭露和痛斥恶霸地主残害、剥削广大劳动人民的罪恶行径，得到了在场的乡亲们的一致认可，并受到了区里的表扬。

不久，刘胡兰在妇女干部训练班结业回村，担任了村里的妇女救国会的秘书。她在妇女中间宣传革命道理，说明妇女救国的重要性，还积极组织妇女学习文化知识和军事技术，并带领妇女们积极纺线织布、为八路军做军鞋、看护伤员、参战支前。1946 年春，县里下达了 200 斤棉花的纺织任务，限期 20 天完成。刘胡兰带领妇女们昼夜苦战，最后提前 2 天超额完成了任务。

由于刘胡兰的出色表现，1946 年 5 月，她调任第五区抗联的妇女干事。1946 年 6 月，刘胡兰光荣地被吸收为中共预备党员。

1946年，中国共产党处于战略防守阶段，国民党军队对解放区展开全面进攻。这年秋天，国民党大举进攻陕甘宁边区。文水一带的八路军多被调往晋西作战，晋中兵力空虚，于是阎锡山率领国民党军趁机“扫荡”晋中平川。为了保存革命力量，上级指示中共文水县委，留下少数干部组织敌后武工队继续坚持斗争，而其余干部都要转移到山上以避免不必要的牺牲。刘胡兰虽然也接到了转移的通知，但是她考虑到自己年纪小，便于隐蔽，又不易被敌人怀疑，就主动请示要求留下来坚持斗争。上级批准了她的请求。于是，年仅14岁的刘胡兰留在了自己的家乡积极发动人民群众，搜集情报，很好地配合敌后武工队打击了敌人。

云周西村的村长石佩怀是反动派的帮凶。他不顾人民的利益，为阎锡山军队派粮派款、递送情报，成为当地的祸害。1946年12月的一天，在刘胡兰的配合下，武工队队员成功地将其逮捕并处死，解决了这一祸害。可是，反动派并不罢休，阎锡山军决定实施报复行动。1947年1月8日，阎锡山军联合该镇的地主武装“奋斗复仇自卫队”突袭了刘胡兰所在的云周西村，并抓走了村民石三槐、石六儿和石玺玉。大家都催促刘胡兰快走，可是刘胡兰坚定地说：“走不走要等上级通知！”

在敌人的严刑拷打之下，石三槐和石六儿宁死不屈，没有吐露半点党的秘密，可是石玺玉因之前与刘胡兰有过节，后又被撤销职务、开除党籍，故而一直怀恨在心。他轻易地变节，并将刘胡兰等留在村里的共产党员全部出卖了。

1947年1月11日晚，文水县第五区区长向刘胡兰传达了上级要求她立即撤离的指示，于是刘胡兰当晚收拾行装准备第二天一大早就出发。可是次日拂晓，盘踞在大象镇的敌人和地主武装突然包围了云周西村，封锁了所有的路口，不许任何人出村。敌人把之前抓捕的石三槐等人押解回村，强令村中老小到观音庙集中。刘胡兰无法离开村子，于是先到隔壁刚生了孩子的金忠嫂家里躲起来，装作照料金忠嫂的人。可是敌人下令每家只准留一人在家，否则就按私通共产党的罪名论处。为了不连累乡亲，刘胡兰毅然走出屋子，来到了村前的观音庙。

刘胡兰很快就被敌人发现并抓捕了。她踏进大庙，看到了浑身血迹的石三槐、石六儿等人，顿时肃然起敬！

敌人开始审讯刘胡兰。他问道："你就是刘胡兰？"

刘胡兰朗声答道："我是刘胡兰，怎么样？"

"你给八路军干过什么事？"

"只要是我有能力做到的，我都干过！"

"你们区里的八路军哪去了？"

"不知道！"

敌人看什么都没有问出，于是说道："有人供出你是共产党！"

刘胡兰头一昂，骄傲地答道："我就是共产党，怎么样？"

敌人看她小小年纪，于是哄骗道："如果你自白，交代你知道的一切的话，我就放了你，还会赏你一块好土地。"

刘胡兰义正词严地说："就算给我一个金人我也不要。不知道就是不知道！"

"只要你当众说你以后再也不给共产党办事，我就放了你。"

"办不到！"

敌人气急败坏，先将石三槐、石六儿等人带到刑场用乱棍打昏之后，用铡刀将他们一个一个地杀害了。刘胡兰和乡亲们看着眼前的一切，都非常难过。

敌人指着他们的尸体问刘胡兰："你怕不怕死？"

"怕死不当共产党！"

"只要你自白，我就可以放你一条生路。"

刘胡兰大声呵斥道："要杀便杀，何须多言！不过我告诉你们，共产党是杀不绝的，革命烈火是扑不灭的。你们的末日不远了！"

敌人看刘胡兰小小年纪却有如此勇气与决心，待在了原地，忽然被刘胡兰大声的一句"我是怎么个死法"吓了一大跳。回过神来的敌人吼道："跟他们一个样……"

刘胡兰昂首挺胸，迈着矫健的步伐走到铡刀旁，毅然地躺下，闭上了双眼。可是她在心里看见了祖国的大好河山和同志们的亲切面容。她始终坚信：革命一定会胜利，大好的明天一定会到来的！就这样，年仅15岁的刘胡兰死在了敌人的铡刀之下，为共产主义事业奉献了自己宝贵的生命！

1947年，毛泽东在转战途中听闻刘胡兰为了革命英勇牺牲的事迹之后为其亲笔题词：“生的伟大，死的光荣。”同年8月1日，中共中央晋绥分局追认刘胡兰为中国共产党正式党员。

刘胡兰，一朵粲然的花蕾，还未来得及怒放，就已凋谢。可是她15岁的短暂生命，至今依然芬芳！

参考文献

1. 山西刘胡兰写作组. 女英雄刘胡兰［M］. 北京：人民出版社，1975.
2. 马烽. 刘胡兰传［M］. 北京：中国青年出版社，1978.
3. 共青团中央少先队工作委员会，四川少年儿童出版社. 中国现代少年英雄传：刘胡兰［M］. 成都：四川少年儿童出版社，1985.

31. 王　华

铁烙活埋若等闲，赤胆忠魂践誓言

王华，1929 年出身于江苏省宿迁市沭阳县一户贫苦农民家庭。1944 年加入抗日民主政府领导的妇救会，积极从事抗日工作。1946 年，光荣地加入了中国共产党，与国民党展开了许多殊死斗争。1947 年不幸被捕，用 18 岁的生命谱写了一曲气壮山河的战斗之歌。后被淮海区委追授为“刘胡兰式女英雄”。

女英雄王华 1929 年出身于一户贫苦农民家庭，从小过惯了苦日子。有一次，红军来到了她的家乡，帮助乡亲们收粮食、挑水、砍柴，闲下来的时候，还经常给村里的小孩讲抗击日军、保家卫国的道理。王华看着红军穿着军装、配有手枪那个威武的样子，心里羡慕极了。那时她便下定决心长大以后，也要像他们一样，保家卫国。

1937 年，抗日战争全面爆发以后，日军在中国土地上烧杀抢掠、无恶不作。王华的家乡也遭到了日军的蹂躏。看到日军在村里肆意欺负老百姓、杀人放火，场面惨不忍睹，王华幼小的心灵里埋下了仇恨的种子。

1944 年，王华参加了抗日民主政府领导的妇救会。她积极从事抗日工作，在村里宣传抗日，动员村里的男青年们积极参军，还带领村里的妇女们给八路军磨面、做军鞋、缝军衣，帮助党组织传递情报，表现得非常活跃。

1946 年 8 月，17 岁的王华光荣地加入了中国共产党。在党组织的教育和帮助之下，王华的工作热情更高了。后来，她担任了周集区妇联副主任兼乡里的妇联主任。从此，她的工作更忙了，总是忙碌奔波在故乡的土地上，走村串户，宣传“我军必胜，蒋军必败”的道理，组织乡亲们接送、护理伤员，还配合乡村干部做了大量的治安工作，打击坏人、铲除奸细。这一切引起了敌人的恐慌，他们对王华非常憎恨。

1947 年 4 月 28 日，王华来到住在小梁庄的姑父梁聚德家，想要劝姑父参加革命。由于坏人告密，流亡地主王大猪带领钱集据点的国民党军队和流亡“还乡队”包围了小梁庄。正当王华和姑父谈话时，一个村民匆忙跑来对梁聚德说：“不好了，村子已经被包围了。”

梁聚德紧张地说：“闺女，这可怎么办？”

王华意识到敌人是冲她来的，镇定地说：“姑父，一定是我的行踪被敌人发现了。他们肯定是冲着我来的。现在离开已经来不及了，我看还是先躲一下。”

梁聚德赶忙拉着王华来到她姑妈的房间，并叮嘱她说：“不管发生什么事情，千万别出来。”

王华刚刚躲藏好，一群人就气势汹汹地闯进了梁聚德家中。为首的是王大猪，他一进门，一双眼睛就贼溜溜地转，并命令士兵到处搜。士兵们一边找一边抢着梁聚德家中值钱的东西。由于王华藏得隐蔽，这些士兵没找到她。

不一会儿，一个士兵跑到王大猪面前报告：“没有搜到女共产党！”

凶狠的王大猪拿着枪指着梁聚德的头，说：“据可靠情报，你侄女王华今天到你家来了。你把她藏哪去了？”

梁聚德一口咬定说：“王华没有来我家，我也没有看见她。”

王大猪气急了，一把拿过旁边士兵的枪，狠狠地砸了梁聚德一枪托子，打得梁聚德一阵眩晕，差点摔倒。

“快点说，王华到底藏哪去了？不然我一枪崩了你！”

王大猪见梁聚德还不说，就大声吼道：“难道她长了翅膀了？把村子里的人都叫过来训话！”不一会儿，这群士兵就把村子里数十口人押了过来。

王大猪神气十足地开始“训话”了：“今天有人看到王华到小梁庄了。现在，你们谁说出她藏在哪里，我就重重有赏。如果你们都不说，我就让你们掉脑袋！”

可是，人群里没人回答。见此情景，王大猪又把目光转向了梁聚德，咆哮道：“交出王华，饶你不死。要是不交，我现在就崩了你！”

一直藏在屋里的王华听见了，她知道这些坏蛋说得到就做得到，心想：“怎么能让姑父和乡亲们在外面受罪呢？自己身为一个共产党员不就是为群众干事的吗？现在群众有难了，自己应该挺身而出。”

于是，王华走了出去。

“我在这里。放开他。不关老百姓的事。”王华冲着敌人说。

“你终于出现了。”王大猪狞笑着。

“把她绑起来。”王大猪命令道。

王华很快被绑了起来，临走时对姑父说了最后一句话：“姑父，记住，共产党一定会胜利的！”梁聚德含泪点了点头。凶残的敌人在走出屋子之前还是开枪打死了梁聚德。王华怀着满腔怒火被敌人押到了钱集据点。

阴暗的据点弥漫着极其恐怖的气氛。王华被带到了审讯室。敌人开始了残酷的审讯。敌人知道王华是共产党员，极力地想从她口中获得有用的信息。审讯王华的是一个满脸横肉的胖子。放在王华旁边的都是一些她叫不上名字的刑具。

“你叫什么名字？”敌人开始审问。

“你明知故问。”王华面无表情地回答。

敌人又问道：“王华，你可知道你们的区委书记、区长都是谁？他们的家在哪？”

“我不知道。”王华断然回答。

“那你们乡长是谁？”敌人继续问。

“不知道！”王华果断地说。

敌人不甘心，继续问道：“那你知道区里的共产党员都有谁吗？”

“不知道，我什么也不会告诉你们的！”王华依然冷冷地回答。

敌人看审不出什么结果来，就假惺惺地给王华松了绑，然后装腔作势地说：“小姑娘，你年纪轻轻的，肯定受了共产党的蛊惑，才做出了一些傻事。只要你肯跟我们合作，我们就可以给你一大笔钱，包你荣华富贵享受不尽！”敌人想以金钱诱惑王华，结果遭到了她的蔑视和嘲讽。

敌人又想了个卑鄙的招数。“王华，你不想招也行啊，但是你总得洗清自己共产党员的罪名啊，不如就嫁给我们连长吧。这样既保全了性命，又做了官太太，两全其美啊！”

“呸！谁要你们来洗清。共产党员清清白白，不像你们丑恶肮脏！”王华冷笑着说。

“你既然什么都不知道，又不肯合作，那我就让你尝尝不合作的滋味。”

凶残的敌人见王华不肯招认，恼羞成怒，就开始对她用刑了。王华昏了过去。她醒来后，回答敌人的依然是三个字：“不知道！”

敌人绝望了，准备对王华下毒手。

这一天，敌人将王华押到外边一个早就挖好的坑边，一眼望去，这个坑大概有一个人的高度那么深。敌人恶狠狠地对王华说：“你到底招不招？这可是你最后的机会了。”

“怕死就不是共产党员了。我既然落在了你们手里，就没打算活着回去！”王华对敌人说道。

“埋掉她！”

敌人正准备把王华推到土坑里时，有个小头目出来阻拦道：“慢着！让她尝尝穿铁打的红花鞋的滋味。”

原来，这个小头目看见王华脚上穿着一双破旧的红花鞋，顿时想到了这个恶毒的主意。

凶残的敌人把王华推到一个刚刚被烧得通红的犁铧前，将王华的鞋子脱掉，把她赤脚按在赤红的犁铧上。王华的脚板被烧焦了。剧烈的疼痛再次使她昏死过去。

为了得到他们想要的东西，敌人又端来一盆冷水把王华浇醒，吼道：“滋味不错吧，你到底说不说？”

"不——知——道!"王华瞪着凶神恶煞的敌人，一字一字地说道。

穷凶极恶的敌人气急了，一把将王华推进坑里。王华在坑内昂首高呼："中国共产党万岁！打倒国民党反动派!"

敌人慌了，急忙推倒坑旁的土墙，将王华埋在了坑里。

年仅 18 岁的王华，作为一名具有铮铮铁骨的共产党员，为了保守党的秘密、保护乡亲们和同志们，献出了自己宝贵的生命。她宁死不屈的精神将永垂不朽!

参考文献

沭阳县地方志编纂委员会. 沭阳县志［M］. 南京：江苏科学技术出版社，1997.

32. 解文卿

支前模范意志坚，舍身赴义矢为党

解文卿，1929 年出身于山东省莱西县义潭店村一个贫苦农民家庭。16 岁时参加了青年妇女队，并成为青年妇女队队长，积极带领广大青年妇女拥军优属和支援前线。曾获得“二等功臣”称号和“支前模范”的锦旗。1947 年 2 月 7 日加入中国共产党，担任妇女救国会会长，领导全村妇女与封建势力做斗争。1947 年秋天不幸被捕。在敌人面前表现了共产党员坚贞不屈的斗志，写下了光辉的诗篇。牺牲时年仅 18 岁。

解文卿 1929 年 1 月 11 日出身于一个贫苦农民家庭。9 岁时，其父被抓去给日本鬼子修碉堡，惨遭毒打而死。11 岁时，其母因冻饿而死。家中还有年迈的祖母和弟弟妹妹，日子过得很是艰苦。残酷的阶级压迫，贫苦的童年生活，使解文卿形成了不畏强暴、坚强刚毅的性格。

1945 年人民解放军解放了莱西县。解文卿报名参加了青年妇女队，成为义潭店村的青年妇女队队长。当时，驻村干部和村党支部书记经常对她讲革命道理，使她知道劳动人民之所以过着牛马不如的贫困生活，是因为地主阶级和反动派的压迫与剥削。劳动人民只有打倒反动派和地主阶级，掌握了政权，才能真正翻身解放。

解文卿接受了党的教育，工作更加积极了。不久，蒋介石发动了全面内战，向解放区大举进攻。为了保卫革命的胜利果实，解文卿积极投入了拥军优属和支援前线的工作中。她带领青年妇女队成立了代耕队、拥军组，帮助烈军属搞生产、理家务等。部队进驻她们村子时，她帮助部队打地铺、借炊具、洗衣服等。前方需要军鞋，她就发动广大妇女齐动手做军鞋。1946 年秋天，在解放平度、掖县的战役中，她动员了村里的青壮年妇女抬着担架去支前。一天夜里，任务很紧。解文卿和一位青年妇女抬着一副担架在山坡上走。当时，秋雨下个不停，四周黑漆漆的，伸手不见五指。解文卿的衣服被雨水淋湿了，她的心里却热得像一团火。这时，不远处忽然响起“乒乒乓乓”的枪声。她的伙伴害怕了，小声地问解文卿：“文卿，你害怕不?”解文卿一面加快步伐，一面鼓励她说：“别怕，解放军流血牺牲都不怕，咱更不应当怕。快走吧！别淋坏了伤员。”一路上，她不断地鼓舞着自己的伙伴。她的模范行为教育、带动了支前民工。她被授予“二等功臣”称号，并获得一面“支前模范”的锦旗。

1947 年 2 月 7 日，解文卿光荣地加入了中国共产党。她站在毛主席像前，感动得热泪滚滚。她说：“我这个从小受苦的穷孩子，想不到能有今天……有了党，我就有了母亲。”她高举着拳头向党宣誓：“我坚决听党的话，做党的好儿女，为党、为人民献出自己的毕生力量，为共产主义，为全人类的彻底解放而奋斗到底。”

入党后不久，解文卿担任了村里的妇女救国会会长，领导全村妇女与封建势力做斗争。1947 年秋天，土地改革运动全面展开。解文卿和其他同志一起发动全村群众与恶霸地主展开斗争。义潭店村情况复杂，地主、富农户数多，封建势力比较强，斗争激烈。为了打开土地改革运动的局面，把群众发动起来，解文卿和其他同志分头行动，走街串巷去动员，发动大家清算地主、富农的剥削账，激发群众的阶级觉悟，培养骨干力量。在第一次斗争会上，解文卿有理有据地控诉恶霸地主的种种罪行，激起了群众的阶级仇恨。于是，广大贫雇农纷纷登台诉苦，大灭地主阶级的威风。由此，土地改革运动得以顺利展开。

阶级敌人是不会甘心失败的，他们见大势已去，就另换花招。不久，村里的地主勾结当地的反革命分子煽动落后群众，组织暴乱。

1947 年 7 月 7 日，大雨倾盆。义潭店村旁的潴河涨满了水。洪水堵塞了四周的去路。敌人见时机已到，就将村党支部书记绑起来，打算扔进潴河里活活淹死，并抢走了农民抗日救国会的现金和账簿。在此关键时刻，解文卿冒着倾盆大雨，去给部队报信。当部队闻讯赶来时，村党支部书记已被敌人拉到潴河边。这时，区委的同志也闻讯赶来，一同解救了村党支部书记，平息了暴乱。

正当人民欢庆胜利的时候，敌人开始向胶东解放区进攻。地主“还乡团”尾随着敌人的进攻，疯狂地进行反扑，妄图夺回他们已失去的“天堂”。村里的乡亲担心解文卿的安全，劝她说：“这几天风声很紧，你快出去躲躲吧！”解文卿摇摇头，果断地回答：“不能！越是在紧张的时候，党和群众越需要我。我不能走！”她和村党支部书记等几个同志，日夜看守着还未分下去的土地改革胜利果实，研究着把东西迅速地分配给群众。他们互相勉励着：“不管情况多么危险，我们都要坚持斗争。要是被敌人抓着了，我们一定要站稳阶级立场，保守党的机密，宁可牺牲自己，也不能暴露别的同志。”

1947 年 8 月 14 日，敌人来到了义潭店村，在村里到处捕人。这时，解文卿来不及转移，就暂时到邻村去隐蔽。敌人在村里拷打群众，逼问解文卿的下落，扬言抓不到解文卿就要屠杀群众。解文卿闻讯后，不顾自己的安危，挺身而出，最终落入敌人手中。

敌人妄想从解文卿的口里得知义潭店村党组织的情况，企图把村里的共产党员一网打尽。他们用尽了威胁、欺骗、严刑拷打等手段，向解文卿逼问口供，但是，解文卿表现英勇，宁死不屈。

被捕的当天晚上，伪保长解保国将解文卿押到村头的庙里，装出一副和善的面孔说：“文卿，把你们的事情说出来吧！咱村里到底谁是共产党员，党支部书记到底在哪里？这里没有人。你说了不要紧。我给你保守秘密。”解文卿声色俱厉地骂道：“你们这群强盗，凭什么叫我向你们坦白！我领导群众斗争，这是我应该做的事。你们等着吧！人民解放军马上就会回来的！”

在生死关头，解文卿牢记入党时的誓言，昂首挺胸地冲着敌人说：“党组织的秘密我知道，党支部书记的去处我也知道，但这些事情我决不告诉你们这群匪徒。我来了，就没打算回去。要革命，就不怕死！”说完这几句话，任凭敌人怎样拷打，她都不开口。

敌人彻底被激怒了，他们把解文卿吊在梁上，用棍子猛打。但无论敌人怎么拷打，解文卿都一字不吐。最后，敌人将解文卿捆在院子里，围上谷草，点了火。18 岁的共产党员解文卿同志在烈火中高呼：“中国共产党万岁！”

解文卿同志牺牲不久，人民解放军就解放了莱西县。在全区的各界人民代表大会上，义潭店村的人民群众悲愤地控诉反革命匪徒杀害解文卿的滔天罪行。莱西县人民政府召开公审大会，枪毙了解保国等反革命分子，为解文卿同志报了仇。

参考文献

1. 山东人民出版社. 宁死不屈的解文卿［M］. 济南：山东人民出版社，1965.
2. 鞠茂勤. 锦绣山东［M］. 北京：人民日报出版社，1988.

33. 尹灵芝

三晋河山育灵芝，逆锋而上女中豪

尹灵芝，1931 年出身于山西省寿阳县一个贫农家庭，自幼家境贫苦。1944 年参加儿童团。1945 年任村妇女救国会主任，组织开展解放战争支前工作。1947 年成为中国共产党候补党员，在伟大的解放战争中，她带头斗地主，除奸霸，入虎穴，查敌情。当敌人进攻解放区时，为了掩护群众和公粮，尹灵芝不幸被捕。在敌人的监狱里、刑场上，她英勇顽强，坚贞不屈，为革命献出了自己年轻的生命。山西省人民委员会追认她为“刘胡兰式的革命烈士”。

尹灵芝 1931 年出身于山西省寿阳县赵家垴村一个贫苦农民家庭。1937 年 7 月，抗日战争全面爆发。11 月太原失守，寿阳城也驻了日本侵略军。尹灵芝的父亲尹尔恭在外边做工，听了不少关于蒋介石、阎锡山实行不抵抗政策，致使中国的大片领土被日军占领，以及共产党领导的八路军开到前线抗日的消息。他把这些消息传到赵家垴，并和尹灵芝的伯父尹尔志、赵四等人，不断地在一起讨论抗日的事。尹灵芝虽然年纪小，但很爱听这些消息。

1939 年春，盂寿县第十区政府在离赵家垴不远的辛庄成立了。石民先担任区长，并亲自到赵家垴发动群众建立民主政权。大家选举了尹尔志为村长，赵四为村副，尹尔恭为抗日联合会主席。赵家垴的抗日怒火迅猛地燃烧起来了。

1941 年抗日战争进入最艰苦的阶段，日军对我解放区加紧“蚕食”

“扫荡”，妄图摧毁我军抗日根据地。由于太平沟靠近正太铁路，敌人不断来这里烧杀抢掠，还派遣特务、汉奸来这里刺探情报。党的工作被迫转入地下。石民先区长和尹尔志村长都被捕牺牲了，但他们宁死不屈的英雄气概，使尹灵芝的幼小心灵受到了深刻的教育。

1944年春天，国内形势发生了很大变化，八路军根据党中央的战略部署，到敌后开辟新的根据地，使解放区迅速扩大，还在解放区内部铲除了一些破坏抗日工作的叛徒、汉奸。区政府派来老师在赵家垴办起了抗日小学。尹灵芝和几十个穷人家的孩子踏进了学校的大门。

不久，赵家垴儿童团成立了。尹灵芝当了儿童团团长。她每天早起带领儿童团团员出操、唱歌、站岗放哨，还经常带领儿童团团员给八路军送信，掩护干部们开会。

有一天，在回家的路上，尹灵芝发现村口来了一个人。她站在路中央，两手叉腰，大声问道：“哪来的！拿出路条来！”

“小同志，路条忘记带了，我有急事要到你们村！”来人边说边往里走。

尹灵芝拽住来人的衣襟，高喊：“来抓坏人啦！抓坏人啦！”

尹灵芝的父亲听到喊声忙赶来，一看，原来是县委组织部部长来赵家垴开展工作。部长有意考验一下这个村的儿童团团员的责任心。他看到尹灵芝这样认真负责，当场表扬了她。

1945年8月，赵家垴传来一个振奋人心的消息：日本侵略者宣布无条件投降了，抗日战争结束了。太平沟划归寿阳县。太平村头的太庙上挂起了“寿阳县第九区人民政府”的牌子。

1946年5月，党中央发出了关于土地问题的《五四指示》。区里召开大会，对全区开展土地改革做了部署，要求各村干部深入发动群众，认真搞好这一工作。经过学习，尹灵芝深刻领会了中央精神，思想觉悟有很大提高。她配合村里组织起来的“说理队”，在大会、小会上和财主进行说理斗争。

1946年秋，阎锡山派他的精锐部队占领了寿阳，在当地反动武装的配合下，以九区为重点发动了“水漫式”的进攻。九区所在的太平沟是通往盂县老解放区的要道。县委和一些区委机关都退守在这里，准备在情况恶化的时候转移至盂县。就在这时，在我十区敌工部担任侦察工作的李凤翥投敌叛变。区委决定暂时转移到盂县，尹灵芝则要求留下来坚持工作。

领导机关转移后，阎锡山的部队到处抢劫，不断杀害我方工作人员。在土地改革中被清算的地主、富农组织起复仇队向群众倒算。11月16日，叛徒李凤翥同地主高富保勾结阎军包围了赵家垴。尹灵芝的父亲和村长赵四不幸被捕，惨遭杀害。

1947年春，晋察冀野战军发起正太战役。之后，九区区委、区政府的干部回到太平村，并举办了“反奸清算训练班”。尹灵芝在训练班里认真学习土地改革政策和党中央精神。她说：“为了巩固根据地，支援解放军，咱们要把反奸清算斗争进行到底！”

太平村的反奸清算运动如火如荼地开展起来。区委根据群众要求，逮捕了杀害尹尔恭和赵四等共产党员、革命干部的反动富农高富保，并于群众大会上当众处决了这个罪大恶极的坏蛋。

1947年7月，人民解放军在全国各战场展开全面进攻。根据整个战争发展的需要，寿阳一带的解放军奉命开赴其他战场。阎军乘机卷土重来。尹灵芝奉命带领全村群众日夜奋战，坚壁了12 000斤公粮，随后跟着区委转移到盂县老根据地。

秋天庄稼熟了，区委适时发出了“不让敌人抢走一粒粮”的号召。尹灵芝主动要求带领群众回村抢粮。回去后她住到山上，把群众组织起来，一到天黑就派出民兵站岗放哨，发动男女青壮年组成收割队，老人和儿童组成运输队下山抢粮。

1947年10月19日，尹灵芝带领群众回村藏粮食。汉奸、富农尹政得知，立即到伪太平乡公所告密。叛徒李凤翥带领伪乡警，并纠集阎军四十九师一个营共400多人前来包围赵家垴。在敌人进村之前，尹灵芝就得到了消息，并已经指挥运粮的群众安全转移出村。当她最后出村时，发现粮秣员罗世宽等几个人尚未出来。这时敌人已经包围了村子，枪声四起。尹灵芝不顾个人安危，找到了罗世宽等人，带领大家钻进一个山洞。不料敌人很快发现了洞口，向洞里鸣枪示威，并朝洞口吼叫："快出来！不出来就开枪了！"为了保护同志们的安全，尹灵芝毅然对罗世宽等人说："你们保管着 12 000 斤公粮，千万不能露面。我去顶着！"她没容同志们再说什么，就挺着胸膛，大踏步走出了洞口。尹灵芝被捕了。

敌人对尹灵芝进行了数次审讯，而她都以"不知道"回答。气急败坏的敌人把尹灵芝吊起来，用蘸了水的麻绳抽，用火柱烫，用烙铁烙，用开水浇，但这些丝毫没有动摇英雄的钢铁意志。在牢房里，尹灵芝还鼓励别的难友说："别看敌人这么凶，他们的日子不长了！解放军很快就要打回来了！"

1947 年 11 月 3 日，尹灵芝被带到刑场。面对群众，她激动地说："乡亲们！解放军已经大反攻了。敌人就要完蛋了。大家不要替我难过。会有人替我和同志们报仇的。等候胜利的消息吧！"

反动军官气急败坏，狂叫道："给我铡！"

尹灵芝英勇地献出了自己宝贵的生命。后来，山西省人民委员会追认尹灵芝为"刘胡兰式的革命烈士"。寿阳县人民政府在县城北郊修建了尹灵芝烈士纪念馆。

尹灵芝烈士的英名与山河共存。

参考文献

1. 姚维斗，于荣勋. 华北英烈传 [M]. 北京：北京出版社，1987.

2. 窦嘉绪. 巾帼英雄尹灵芝 [M]. 太原：山西人民出版社，1981.

3. 山西资料汇编编辑委员会. 山西资料汇编 [M]. 太原：山西人民出版社，1960.

34. 朱法芝

怒发冲冠斥反动，舍生忘死为解放

朱法芝，山东新泰人，1930 年出生于莲花山前的东张庄村，从小生活在一个革命思想浓厚的家庭。大哥和二哥都已积极加入革命队伍，投身于抗日战争和人民解放战争的革命活动中。家庭的熏陶使朱法芝较早地参与到人民的解放事业中。1947 年，国民党“还乡团”进攻解放区，占据了东张庄村。朱法芝因动员青年参与革命活动被发现，宁死不屈膝于敌人，终被杀害，年仅 17 岁。

朱法芝，1930 年出身于山东省新泰市西张庄镇东张庄村的一户贫苦农民家庭。父亲朱钦元和母亲朱杨氏都是地地道道的农民。全家靠着三亩薄地和父亲经营的小本生意，过着朝不保夕的生活。苦难的经历造就了朱法芝知事明理、勤劳能干的坚毅性格。

朱法芝家是一个革命家庭。父亲受够了旧社会的苦难，盼望着共产党能够带领广大农民过上好日子。他支持革命，拥护共产党。大哥朱法全 1938 年加入共产党，在当地做地下工作。二哥朱法文 1943 年参加了八路军，一直在部队工作。家庭的熏陶，使朱法芝较早走上了革命道路。

1945 年，日本宣布无条件投降，抗日战争取得完全胜利。在共产党的领导下，东张庄村成立了农会、儿童团、妇救会等各类组织，朱法芝则被选为儿童团团长。

在他的带领下，儿童团团员们积极参加斗地主、分田地的土地改革运动。在斗争恶霸地主陈效善和反动分子李钦信的大会上，朱法芝带领儿童团团员们高呼口号，揭发控诉地主恶霸、反革命分子剥削压迫贫雇农和残害人民的事实，呼吁大家打倒反动分子。在儿童团的领导下，这两个平日里横行霸道的家伙被迫低头认罪，土地改革运动也得以顺利进行。

1947 年春，国民党组织的“还乡团”随国民党军队进攻解放区，占据了东张庄村，到处反攻倒算，烧杀抢掠，残害村干部和积极分子。为了保护党组织和骨干分子，部分干部和群众已经转移出去，党组织活动也被迫转入地下。17 岁的儿童团团长朱法芝选择留在村里监视敌人动向。

农历四月初九，朱法芝得到高景明叛变投敌的情报，当即与地下党组织取得联系。第二天上午，他与王清山秘密赶到北山黄崖村，向武工队报告了情况。在敌强我弱的形势下，敌人以一个团的兵力包抄莲花山。年老体弱的群众被迫转移到莱芜，身强力壮又熟悉当地情况的同志则转入地下活动。

此时，党组织任命朱法芝为果都区委机要通讯员。农历四月十一日晚，朱法芝与果都区委书记陈培生和果都区委机要通讯员郝法修、李增仁同志在回村途中，隐蔽在王官屯村南的一个林子里。深夜两点，他们转移到张官屯村东砖瓦窑的窑屋里。不一会儿，“还乡团”闻讯赶来并包围了他们。敌人一面打枪，一面呼喊着：“赶快缴械投降！”朱法芝四人牢记他们曾经发过的誓言——“宁死不叫敌人逮住，誓死不泄露党的机密”，伺机寻找突击的机会。此时，“还乡团”见他们拒不投降，就派人在窑屋顶上揭瓦。郝法修见机会来了，便趁势扔出一颗手榴弹，炸得敌人屁滚尿流，四散开来。他们四人乘机突围出去，分散转移。朱法芝顺着张庄南河偷偷回到了家，而敌人并没有发现他的这一行动。

经过革命的历练，朱法芝更加积极地坚持革命活动。他还曾经动员一名青年参加革命活动。他的这一行动被一“还乡团”成员发觉并报告给了伪镇长李宗臣。李宗臣打发手下去训斥朱法芝的母亲，并威胁道：“你的儿子太不老实了，还约别人去找八路。我们已格外注意他。

让他老实点！”后来，伪乡长李钦信和伪镇长李宗臣又逼迫朱法芝的父亲置办酒席宴请他们，并扬言叫朱法芝给他们俩磕头认错。朱法芝气不过，拒绝给敌人磕头认错。敌人未达目的，便恼羞成怒，伺机报复。

农历六月初十这天，朱法芝在家垒院墙，休息的时候，母亲叫他到街上买点菜。他带着满腿泥，只穿一条短裤走到大街上，迎面碰上几个“还乡团”的敌人。一个敌人说：“正要去找你，你倒自己来了！”说着就把朱法芝抓到赵家楼“还乡团”队部。

此时，满脸横肉的伪乡长李钦信正坐在那里等待着，见朱法芝被捆绑来了，便厉声叫道：“臭小子，跪下！”

“不跪，就是不跪！”朱法芝回答得很干脆。

“你不服气，就枪毙你！”李钦信吼叫着，“啪啪”地拍着桌子。

“哼，我誓死不向你们这些反动分子低头！”朱法芝怒目环视，坚定地痛斥道。

李钦信见恫吓无效，便气急败坏地下令枪毙朱法芝。

这天，朱法芝和一起被捕的三位同志被押赴刑场。一路上，朱法芝昂首挺胸，毫不畏惧。在刑场上，敌人要他跪下，但他坚决不向敌人屈膝。朱法芝用尽全身力气高呼：“中国共产党万岁！”随着一声枪响，人民的好儿子、少年英雄朱法芝倒在了血泊中，将自己17岁的生命献给了人民的解放事业。朱法芝将自己最好的年华倾注在党的革命事业中。他百折不挠、视死如归的革命品质诠释了新青年的定义，谱写了新青年的壮丽篇章。

参考文献

1. 中共新泰市委党史资料征集研究委员会. 新泰儿女先驱篇［M］. 济南：山东人民出版社，1989.

2. 中共新泰市委党史资料征集研究委员会. 新泰革命史简编（1927. 8—1949. 10）［M］. 济南：黄河出版社，1996.

35. 岳云贵

云中山下小英雄，赤胆骁勇斗阎匪

岳云贵，1932年出身于山西省忻县石家庄村的一个贫农家庭。他在党的教育下迅速成长，8岁就开始参加革命，后来当了儿童团团长。1948年1月19日，在反击敌人进犯忻县石家庄村的战斗中，岳云贵为了掩护群众转移，不幸被捕。他在敌人的严刑拷打和阴谋利诱面前，顽强斗争，毫不屈服，为中国人民的解放事业壮烈牺牲，时年16岁。

岳云贵，1932年出身于山西省忻县石家庄村的一个贫农家庭。他的父亲岳忠是中共忻县委地下交通员。岳云贵从小受父亲革命思想的影响，在党的教育下，8岁就参加了革命活动，是一个经历丰富的小小革命家。

1942年以后，日军对抗日根据地实行了经济封锁。为了缓解根据地的供给压力，岳云贵经常跟随父亲闯敌区、买物资、探敌情，成为根据地得力的小小交通员。后来父亲岳忠因身份暴露，行动受到监视，岳云贵便毅然挑起父亲身上的重担，只身出入敌占区，采购物资，刺探敌情，为八路军提供了很多重要情报。

忻县日军在奇村筑起了碉堡。而邻村石家庄村变成了敌我交错地区。1945年八路军忻崞支队计划袭击奇村敌军据点，但由于敌人把守甚严，还没进村就与敌人交战了，结果导致日军的警戒更加森严。为了摸清敌情，忻崞支队李队长和地下党支部书记段兰政一致决定派13岁的岳云贵去执行这次任务。岳云贵一听有新任务，高兴地向李队长和段书记立正敬礼，干脆地说：“保证完成任务！”

由于担心岳云贵一个人执行任务会有闪失，李队长提议再挑选一个小伙伴。岳云贵马上想到了机灵精干的元元。他们二人头戴草帽，来到奇村村口，发现村北口、东口都拦上了铁丝网。这可急坏了岳云贵，但他毫无退却之心，对元元说：“敌人把守得再严，咱们也要进去！走，到那边试试看。”

在村子东南面祠堂处，岳云贵和元元发现祠堂后墙有个豁口，下面还放着块大石头。岳云贵立马蹲在石头上，元元则踩着岳云贵的肩膀跃上了墙头。当元元正要伸手拉岳云贵时，不远处出现了拿枪的敌人。在情急之下，岳云贵飞快地钻进了高粱地。后来，岳云贵装作担瓜人的孩子才混入了奇村。顺着枪声，岳云贵走进了一个大场院。里面枪炮声不断，墙角豁口处还有一群孩子在往里探望。岳云贵在里面发现了元元，就故意朝元元使劲一扛，喊道：“别挡住我！”元元也顺势“报复性”地推了岳云贵一把。两人为此争吵起来。岳云贵一把抢下元元的草帽扔进靶场，元元也不甘示弱，将岳云贵的草帽扔了进去。于是，两人借捡草帽的机会，翻身进入靶场，一面撕打着，一面悄悄地数着靶场内有多少小钢炮和机枪。有了岳云贵和元元提供的情报，八路军对奇村进行了突然袭击，一举歼灭了敌人，还缴获了大批武器。

抗日战争结束后，石家庄村正式成立了儿童团。岳云贵当了团长，带领儿童团站岗放哨、查路条、监视坏人等，工作认真负责。一天早晨，儿童团出早操时，土地改革工作队的龙政委把随身多年的小战刀送给岳云贵，并嘱咐说：“拿着它，保卫胜利果实，将革命进行到底！”龙政委还给大家讲了英雄刘胡兰的故事。从此以后，岳云贵带领儿童团干得更起劲了。

1948 年八路军已转入全面反攻。盘踞在忻县城里的敌人妄图垂死挣扎。他们纠集地主武装和特务队 4000 多人，于 1 月 19 日凌晨向石家庄村进犯。段兰政接到指示，组织群众坚壁清野，准备转移。岳云贵跟着民兵埋地雷、藏粮食，忙得不可开交。

在掩护群众转移的过程中，岳云贵和元元、小香向敌人扔手榴弹，以自己为目标引开敌人，一直把敌人引向东去。跑着跑着，元元中弹倒下了。岳云贵正想返回去把元元扶起来，忽听得“轰隆”一声巨响，元元拉响手榴弹和敌人同归于尽了。岳云贵忍痛向前跑，路过一条胡同时，用力把小香推进了地道，自己则一个人直往东跑。16 岁的儿童团团长岳云贵被敌人围住了。

第二天傍晚，岳云贵被带到特务连连长面前。

特务连连长问：“粮食埋在哪里?”岳云贵大声回答：“不知道!”

特务连连长又问道：“工作团去哪里了?”岳云贵又是一声：“不知道!”

特务连连长气急败坏，又问：“你们村谁是共产党员?”岳云贵提高嗓门：“不知道！不知道！知道也不讲!”

特务连连长暴跳如雷，举起指挥刀说：“你再不说，我就马上杀了你!”岳云贵高声应道：“革命不怕死，怕死不革命!”之后，岳云贵被折磨得不省人事。

当岳云贵被冷水浇醒时，特务连连长假惺惺地说：“谁叫你们对岳团长如此无理的?”他命令手下解开绳子，奸笑着对岳云贵说：“怪我来迟一步，让你受委屈了！我很喜欢你的勇敢，给我当勤务兵好吗，保你一辈子荣华富贵……”岳云贵怒目而视，破口大骂：“反动派，要杀要剐，随你的便。少来这一套!”

敌人威逼利诱失败了。只听得一声狂叫“带人”，几个特务捆着一个中年汉子走过来。

“啊，兰政叔……”云贵不由得向前扑去。

敌人冷笑着：“段兰政，再不说就开枪了!”

段兰政从容不迫地回答：“开枪吧，反动派，你们的末日到了!”接着唱起了《国际歌》。“啪！啪!”两声枪响，段兰政牺牲了。

敌人又威胁说：“岳云贵，再不说实话，我们就杀了你!”

岳云贵大声喊道：“打倒反动派!”敌人被吓得面如土色。“共产党万岁！毛主席万岁!”少年英雄岳云贵高呼口号，英勇就义。

1957 年，岳云贵被追认为革命烈士和模范共青团员。他的革命精神永远激励着我们！

参考文献

1. 王新民. 云中山下小英雄［M］. 太原：山西人民出版社，1974.
2. 武广久，于居京. 少年英雄谱［M］. 沈阳：辽宁人民出版社，1982.

36. 张德新

战地红缨好少年，为保干部命何惜

张德新，1932年出生于辽宁省黑山县，从小受尽了地主阶级的剥削和压迫，生活很是艰苦。1947年解放军逼近黑山村，张德新积极为解放军带路，使黑山村得以顺利解放。不久，村里成立了农会和儿童团。张德新当选为儿童团团长，带领团员们积极参加斗地主、分田地的斗争。1948年秋，著名的辽沈战役打响了。国民党军流窜到前黑山村。张德新为保护干部群众而光荣牺牲，年仅16岁。

在辽宁省黑山县“一〇一”高地东北角的胡家镇有个前黑山村。村南树立着一座银白色的纪念碑。周围松柏掩映，花团锦簇。在灿烂的阳光下，碑上“小烈士张德新永垂不朽”十个大字显得格外光彩夺目。随着人们的回忆，纪念碑好像渐渐化作一个腰扎皮带、手持红缨枪的少年，挺着小胸脯向我们走来。

张德新1932年4月16日出身于黑山县胡家镇前黑山村的一户贫苦农民家庭。祖父曾因向地主借粮，被高利贷活活逼死。家中仅有的几亩荒地和房屋也被地主强占。为此，父亲只能长期给地主做长工，以偿还这数不清的债。

张德新与地主家儿子同一天出生，因地主听信算命先生“两命相克，必有一亡”之言，便威胁张德新的父亲张东阁将张德新弄死。幸得同村赵爷爷相助，及时将张德新送往村东李婶家抚养，张德新才免遭此难。直到6岁，张德新才以孤儿的身份，被父亲张东阁接到身边，但父子二人只能以叔侄相称。张家祖孙三代受尽了地主的剥削和凌辱。张德新的心里埋下了阶级仇恨的种子。

随着年龄的增长，种子悄悄发芽了，张德新不再像祖父、父亲那样，一味地忍让地主阶级的剥削和压迫。他开始反抗，开始同恶势力做斗争。

8 岁那年，张德新在地主张贯臣的地里挖野菜，被张家的管家看见了。管家不由分说，把张德新的野菜筐踢翻了，并大声斥责："刚下完雨你就来挖菜，把地都糟蹋了。"张德新毫不示弱，质问道："地是地主的，庄稼是地主的，难道野菜也是他种的吗？"直问得地主的管家无话可说，灰溜溜地走了。

1947 年，解放军逼近黑山村，张德新积极为解放军带路，使黑山村得以顺利解放。在共产党的领导下，黑山村建立了民主政权，成立了农会和儿童团。在成立儿童团的大会上，十五岁的张德新被选为儿童团团长。从此，他组织儿童团团员们扛起红缨枪，日夜站岗放哨，查路条，监察敌人，很快提高了阶级斗争觉悟。

在解放军的教导下，张德新开始了解革命故事，开始向往革命，开始明白革命斗争的意义和穷人翻身的道理，并积极投入轰轰轰烈的土改运动中。

1948 年著名的辽沈战役打响了。10 月，解放军攻克锦州，活捉国民党将领范汉杰。不久，驻新立屯一带的国民党廖耀湘兵团兵分三路，向黑山袭来。枪声响彻了整个山谷。张德新站在山的东北面巨石上遥望着远方，看见农会干部郭连波从传来枪声的方向飞马而至。张德新急步迎上。郭连波说："不好！情况紧急，敌人来了！你赶快通知农会的干部和民兵，立刻转移！"说着，上马就走。

"还上哪去？"张德新拦马问道。

"这里有封区里的紧急文件。我需要马上送到后黑山村，通知乡亲们和农会干部转移。"

"让我去吧！保证送到！我路熟，人小好隐蔽。"

"这是革命任务，你可一定要完成！"

张德新从郭连波手中接过信，放到鞋帮里，径直向北跑去。路上，张德新遭遇了已经串进来的敌人。

“上哪去？小东西。”一个敌人吆喝道。

“家里的小猪丢了。我出来找找。”

敌人凑到张德新跟前，进行了一番熟练的搜身，却没搜到什么有用的东西。一个敌人命令张德新把鞋脱下来。张德新依然镇静地把两只鞋脱下来，高高举过敌人的鼻子。敌人立马捂住鼻子，厉声骂道：“快滚！”张德新迅速穿上了鞋，一溜烟地奔向前方。经过重重障碍，张德新终于把信安全送到了后黑山村。区小队得到消息后迅速转移了，前黑山村农会干部按照通知也都随着区干部和武装队转移了。张德新为掩护干部没有走，他想：“我是个小孩，不会引起怀疑的，留在村里还可以观察敌情，给农会跑腿送信。”

国民党军队进村后，怀有反攻倒算想法的地主们以为他们翻身的时机已到，便向敌军营长递交了23名农会干部的名单。被斗争过的地主和汉奸领着国民党官兵挨家挨户地搜查农会干部，还将全村的贫雇农群众200多人赶到地主张贯臣的大院里，名曰开会，实则审讯抓人。张德新也被抓了进来。

敌人在院里架起机枪，威逼群众交出农会干部，否则就用机枪扫射。人们都沉默了，没有人回答。只听得一个地主凑到敌军营长跟前，恶狠狠地说：“得拉几个穷人出来开开刀，给他们点颜色看看。”说着，敌人伸手把站在前面的一个老贫农拉出来。明晃晃的刺刀正要刺向老人的胸膛，在这千钧一发之际，张德新猛地站出来，大声喊道：“我就是农会干部、儿童团团长。你们想要怎么样？”

“好样的，这院里还有谁是农会干部？你说了，就放你！”

“农会干部是有，可是都转移了，现在这里只有我一个！”

敌军营长见张德新戏弄他们，就气急败坏地下令：“把这个小崽子拉进屋，给我好好审讯！”

张德新被拖进了上房。敌人问道：“农会干部都在哪？”

“不就在这儿吗，其他的干部我不知道！”

“你真不怕死?”

“怕死就不当儿童团团长!”

一顿皮鞭打在张德新身上，一道道血痕透了出来。不一会儿，张德新身上就皮开肉绽，遍体鳞伤了。他一次次昏过去，又一次次醒过来，但敌人得到的答案依旧是斩钉截铁的三个字：“不知道”。

敌军营长气得青筋暴起，恶狠狠地吼道：“给他过电。”电流通过张德新的全身。只觉得天旋地转，四肢抽搐，热血沸腾，张德新再次昏了过去。

张德新醒来后，敌人还是声嘶力竭地向他吼着：“农会干部到底在哪?”

“你们休想从我嘴里得到一点消息……”

“快说，不说就枪毙了你!”

“死算得了什么！你们这群匪徒才是真正的死到临头了!”

经过数次刑讯，敌人用尽了各种手段，依然毫无所得。彻底绝望的敌军营长恶狠狠地下令：“给我拖出去枪毙了!”10 月 21 日凌晨，张德新被国民党军枪杀了，年仅 16 岁。

张德新的事迹很快传遍全国。后来，黑山人民为张德新建了一座纪念碑。碑上刻着“小烈士张德新永垂不朽”十个大字。

参考文献

1.《烽火三年》编写组. 烽火三年：解放战争时期的辽吉五地委［M］. 沈阳：辽宁教育出版社，1988.

2. 张大庸. 关东少年英杰录［M］. 沈阳：辽宁民族出版社，1997.

37. 谢荣策

天地犹记小英雄，岁月不忘铮铮骨

谢荣策，辽宁省辽中县茨榆坨村人。1947 年，谢荣策加入了村里成立的儿童团并被选为团长，负责为解放军站岗放哨。他聪明机智、胆大心细，在村里做了不少好事，立了不少功劳。1948 年，他在敌人的突袭中不幸被捕。面对敌人的威逼利诱，他坚定不移。后于 3 月 13 日英勇就义，年仅 17 岁。

谢荣策，1931 年出身于辽宁省辽中县茨榆坨镇茨榆坨村的一个贫苦的农民家庭。母亲靠为别人当奶妈赚取的微薄收入勉强供应谢荣策读了两年书。但是最终由于生活所迫，小小年纪的谢荣策不得不外出讨活计，成为地主家里的小牛倌、小猪倌，长期给地主放牛、养猪，受尽了地主的百般虐待、剥削和欺凌。他幼小的心灵里埋下了对地主、对旧社会的仇恨的种子，同时他也形成了刚毅、坚强、不肯服输的性格。

1947 年春，村里派来了共产党的土改工作队。负责土改工作的是共产党员肖洪义。村里还成立了农会和儿童团。谢荣策加入了儿童团，孩子们还选他担任了儿童团的团长。儿童团负责给解放军站岗、放哨、传递消息和查路条等。这些工作看似轻松却责任重大。谢荣策和小伙伴们都非常认真负责。

一天早上，儿童团团员们正在照例站岗。忽然，一个儿童团团员发现前方不远处有一个人影渐渐走了过来。他们都在想：“这么早，谁会来这儿呢？”

那人渐渐靠近，是一个农民打扮的人，看起来不像本村人，一边走还一边鬼鬼祟祟地东张西望。这时，谢荣策忽然从树后跳出来，喝道："站住！干什么的？"

那人被忽然跳出来的谢荣策吓了一大跳，转而又嬉皮笑脸地说道："嘿嘿，不干什么，走亲戚的。"

"到哪家的？把路条拿出来看看！"

"到后街……"那人心虚地说道："走亲戚还要什么路条啊，不让过我就回去呗……"

他转身刚想溜，谢荣策大声喊道："抓住他！"孩子们一拥而上，把那人扑倒在地，然后绑了起来。

儿童团团员们把那人带到了农会。经过调查，那人果然不是什么好人，他是国民党从别处派来的特务，专门来刺探情报的。

儿童团团员们虽然立了功，但是谢荣策心里还是有块石头放不下来。他注意到那人说要去后街，而后街只住着郭侉子一户人家。他心想，这特务找郭侉子干什么呢？他又联想起，上次敌机来村里轰炸之前，郭侉子家的后院里有一道光柱射向了天空，像是在给敌机打信号！

这么一想，谢荣策越来越觉得情况好像非常严重。他也不知不觉走到了郭侉子的家门口。

幸好郭侉子此时不在家，只有两个孩子在院子里玩。他们看到谢荣策走了进来，有点不知所措。忽然，大一点的孩子指着谢荣策身穿的破旧的呢子军大衣说："你的这件不如俺爹的那件好看！"

谢荣策心里一怔："郭侉子只是个染匠，怎么会有军大衣？"

谢荣策连哄带骗地叫两个孩子把郭侉子的大衣拿了出来。果然是件军大衣！

谢荣策知道事情紧急，就迅速跑回去通知了肖队长。肖队长于是立刻派人把郭侉子抓了起来。经过审问得知，郭侉子果然是国民党反动派派来的潜伏在村里的特务，上次国民党敌机轰炸前，就是他打的信号，而那个特务要找的就是他！不久，肖队长就派人处决了这个祸害。谢荣策因为自己的胆大心细又立了一大功！

谢荣策积极认真和胆大心细还表现在另一件事上。抗日战争结束后，老百姓的生活苦不堪言，许多人家里的炕上根本没有炕席，而且家中连一条能穿出门的像样点的裤子都没有，往往都是一条裤子由一家几口人轮换着穿。因此，农会在村里组织了土地改革和“斗地主、分浮财”的活动，儿童团团员们就负责监视村里地主的一言一行。

村里有个地主名叫宋长义。由于在村里作恶多端，大家给他起了个外号叫“宋四坏”。土改工作一开始，他见势不妙，于是在夜里偷偷地把家里值钱的东西都埋了起来。这一幕正好被认真侦察的谢荣策看到了。在“斗地主、分浮财”的活动中，农会叫他交出浮产。宋四坏装作可怜巴巴的样子说道：“我家根本没有什么东西……”

这时，谢荣策从人群中跳出来，气愤地说道：“胡说！我亲眼看见你把家里的东西埋起来了！”接着，谢荣策带领大家来到宋四坏的家里，从东厢房和猪圈的地下挖出了许多贵重的物品和粮食。

大家都夸谢荣策胆大心细、认真负责，是个值得信赖的人！

转眼到了1948年春，为了集结兵力打击敌人，驻在茨榆坨村的解放军都被调去了其他地方。村里兵力空虚，于是肖洪义组织全体干部、民兵和儿童团团员们，准备抵抗敌人可能到来的骚扰。

而此时，一直流窜在附近的国民党新一军军部骑兵团趁着沈阳地区兵力空虚之际，越过辽河一带向沈阳骚扰，一路上还勾结当地的土匪、恶霸、土豪劣绅组成所谓的“返乡团”，准备实施疯狂的报复。

一天早晨，敌人突袭了茨榆坨村。谢荣策和肖洪义不顾个人安危，掩护农会的同志和乡亲们转移之后才分头离开。可是谢荣策和哥哥谢荣怀走到村子西面的一座小土丘时，被敌人发现了。敌人飞快地追了上来，用枪口对准他们，凶狠地问道：“你们是干吗的？”

谢荣策镇定地答道：“我们是学生。”

“学生？我看不像。带走！”

敌人把谢荣策和他的哥哥捆了起来，押回了村子。

村里的地主宋四坏看到国民党来了，就穿上长袍洋洋得意地走出了家门。当他来到关押着谢荣策等人的大院时，幸灾乐祸地大声说道：

"哟！这不是我们大名鼎鼎的儿童团团长嘛！"

敌人听到叫声，飞快地冲了过来，知道谢荣策就是儿童团团长后，就想从他嘴里套出有用的东西。当晚，敌人把谢荣策等人带到了驻地进行拷问。

敌人开口问道："郭团长是你们弄死的吗？"

谢荣策轻蔑地笑道："郭侉子？是又怎么样？他给你们的飞机打信号，害死我们许多乡亲，死得活该！"

敌人气得咬牙切齿，连声问道："你们的军队哪去了？农会的干部哪去了？村里人呢？"

谢荣策坚定地说："不知道。"

"不说？小心我一枪崩了你！"

谢荣策轻蔑地瞥了他一眼，说："别拿枪来吓唬人。既然来了，我就没打算活着回去。我什么都不会说的。"

"给我打！"敌人愤怒地嚎叫起来。

接着，皮鞭像雨点一样落在了谢荣策瘦弱的肩膀上。敌人把能用的酷刑都用上了，可是谢荣策依旧咬紧牙关，一声不吭。

敌人看谢荣策不吃硬的，于是又来软的。当晚，他们给谢荣策松了绑，又安排了一大桌酒菜，然后把谢荣策带来。

敌军团长假惺惺地说："谢团长受苦了！我看你这么机灵，不如以后就给我当个勤务兵吧，怎么样？"

谢荣策气愤地说道："少来这套！我是共产党的儿童团团长，你是反动派的团长，我们不是一条道上的！"说完就把一桌酒菜给掀翻了。

敌军团长狂叫道："好你个敬酒不吃吃罚酒的穷小子。你不想活了是吧！"

"谁说我不想活？是你们这帮反动派不让我们活！别看你现在得意，你这个团长也当不了多久了！不久，我们的部队就会回来。你们灭亡的日子不远了，哈哈哈！"

敌军团长无奈地问道："你这么小的年纪，怎么如此顽固。到底共产党给了你什么好处？"

谢荣策郑重地说道："共产党给我的好处可多了。我以前给地主放牛、养猪，吃不饱、穿不暖，还经常受欺压。是共产党救了我，给了我活下去的希望！我一定会跟着共产党走到底！"

敌人立刻凶相毕露，又把谢荣策绑了起来，并进行了更残忍的严刑拷打。

1948 年 3 月 13 日是一个沉重的日子。这天早上，谢荣策昂首挺胸地走出了牢房，踏上了敌人的刑场。在生命的最后一刻，面对着黑洞洞的枪口，勇敢的谢荣策怒目而视，他高喊"中国共产党万岁"，接着倒在了血泊之中。

谢荣策牺牲了，年仅 17 岁。他为了共产党，为了人民，为了祖国的解放事业，献出了自己年轻的生命。人民不会忘记他，岁月更将铭记他！

参考文献

1. 秦凤翱，李兆德．少年英雄谢荣策［M］．沈阳：辽宁人民出版社，1976.
2. 共青团中央少先队工作委员会，四川少年儿童出版社．中国现代少年英雄传：谢荣策［M］．成都：四川少年儿童出版社，1985.

38. 宋振中

墙外桃花墙内血，一般鲜艳一般红

宋振中，出生于1941年。他的父母都是共产党员。在他8个月大的时候，他的父亲就被国民党反动派秘密逮捕，他和母亲随后也一起被关进了重庆白公馆监狱。狱中的难友们都叫他“小萝卜头”。他学习刻苦，并帮助地下党组织递送情报。1949年，他被国民党特务杀害，年仅8岁。中华人民共和国成立后，人民政府追认他为烈士。

一提起“小萝卜头”，相信大家并不陌生，可是很少有人知道他的真名。他叫宋振中，是家里最小的孩子，父母都是共产党员。1941年9月，在他8个月大的时候，由于国民党反动派的迫害，他的父亲宋绮云被两个便衣特务抓走了，一连两个月都没有消息。突然有一天，有个自称是宋绮云手下的人送来了一封信。妈妈打开信件一看，里面只有八个大字：“速将换洗衣服送来。”妈妈接到信后准备去找爸爸，临走时对孩子们说：“你们的爸爸是为了打敌人救中国才被抓的。你们的爸爸没有罪！”第二天，妈妈就带着小宋振中和一些换洗的衣服进城了。然而，这是反动派设下的一个圈套。进城后不久，他们母子也被捕了。从此，宋振中就一直被关在监狱里，他也成为有史以来世界上最小的政治犯。

由于宋振中年纪太小，他就和妈妈一起被关在了重庆歌乐山下的白公馆女牢里。牢里的条件十分艰苦，屋子里阴暗潮湿，一年到头都见不到阳光。牢里的饭也非常糟糕，吃的是发霉的米饭和烂菜帮子。长期营养不良导致宋振中长得面黄肌瘦，身子骨儿非常单薄。由于身体瘦小，脑袋很大，难友们都亲切叫他“小萝卜头”。

小萝卜头 4 岁多的时候，他和父母被转到了贵州的息烽监狱。在这里，爸爸妈妈每天都要出去做苦工，黑黑的牢房就剩下小萝卜头一个人了。他经常吓得一个人躲在角落里哭，有时候吓得一动不动。小萝卜头饿的时候就拿出妈妈给他留的一碗饭，胡乱吃几口又爬到床上躺下。

转眼之间，小萝卜头长到 6 岁了，到了该上学的年龄了。可是，他的父母都是在押的政治犯，所以反动派不许他上学。他的爸爸宋绮云曾经是杨虎城将军的秘书，知道读书对于一个人来说是多么的重要。因此，他和其他难友一起向监狱提出了这个要求，坚持要为儿子争取到读书的权利。监狱长一听，顿时哈哈大笑起来，说：“简直是异想天开！这里是监狱。你们还想让孩子读书，别做梦了！”

孩子是无辜的啊。如果不上学，孩子就不能识字，今后就是一个废人了。于是，到了晚上，宋绮云和难友们在监狱里商量了一个办法，他们决定集体绝食，以此来为小萝卜头争取到读书的权利。

第二天，当一个特务提着饭桶来的时候，所有的犯人看都不看一眼。集合的时间到了，可大家一动也不动。看到此情景，这个特务急忙跑到监狱长那报告。

“哼，我就不相信他们不吃饭？你去吩咐厨房做一些好东西。看他们还吃不吃？”监狱长对这个特务说。

中午，特务提着一桶冒着热气的米饭和鱼肉放在监狱里。有的犯人几年都没吃过肉了，但是他们仍摆出一副视而不见的样子。等特务再去监狱的时候，那些饭菜仍然没被动过。

监狱长知道这种情况后，怕这么下去，犯人们不吃不喝，上级会怪罪下来，最终答应了犯人的要求，让小萝卜头在监狱里上学，但他的老师须由一个特务来担任。可小萝卜头的爸爸坚决不同意，经过再次斗争，敌人允许由政治犯罗世文来教小萝卜头。罗世文在被捕之前是中共四川省委书记，学问很好，当听说小萝卜头来跟他学习时，非常高兴。

小萝卜头要去上学了。头天晚上妈妈睡得很晚，她将节省下来的草纸订成一个本子，给小萝卜头当笔记本用，又把一支很短的铅笔削好。

第二天早晨，小萝卜头穿好衣服，妈妈就把笔记本和铅笔交给了他，对他说：“你要好好学习，认真听讲，听老师的话。”看着小萝卜头面黄肌瘦的脸庞，妈妈流下了眼泪。

“妈妈，你放心，我一定会好好学习的。”小萝卜头很懂事地安慰妈妈。

“不要啰唆了，快走。”特务在门外不耐烦地喊道。

不一会儿，特务领着小萝卜头来到山坡下面的男牢。小萝卜头一进门就看见一位长相忠厚的中年人正在里面等候他。他知道那就是他的老师罗伯伯了。小萝卜头走上前去，很恭敬地给罗伯伯敬了一个礼，说：“罗伯伯好。”

“好，好，快坐下。”罗伯伯激动地说。

接着，罗伯伯深情地对他说：“我们干革命的，就是要打倒反动派，建设新中国。革命靠什么？靠的是我们前赴后继、奋斗不息。小孩子是国家的未来。你一定要好好学习。虽然条件艰苦，但是我们不怕吃苦，对吗？”

小萝卜头认真地点点头说：“罗伯伯，我不怕吃苦，一定好好学习，做一名好学生！”

就这样，小萝卜头开始跟罗伯伯上课了。罗伯伯说：“今天我们来学习第一课。我教你一句，你跟着我念一句。”

小萝卜头认真地点点头。

“我，是，一，个，好，孩，子。念。”

小萝卜头跟着念道：“我，是，一，个，好，孩，子。”

“嗯，很好。”罗伯伯夸奖他，“我们学第二句。我，爱，中，国，共，产，党。”

“我，爱，中，国，共，产，党。”小萝卜头一板一眼地念道，稚嫩的声音在牢房里回响。

后来，罗伯伯被反动派杀害了，小萝卜头听到这个消息后，眼泪“吧嗒吧嗒”地往下掉，一连好几天都不说话。

过了一段时间后，黄显声将军成了小萝卜头的新老师。黄显声将军是一位爱国抗日将领，因为反对蒋介石打内战，就被关进了监狱。

到了1948年，小萝卜头的进步已经很大了，能背很多诗，还能给难友们讲解。因为他在监狱里可以来去自如，所以他可以做许多成年工作者不能胜任的工作。在地下党的教育和帮助下，他逐渐成为党的地下交通员，负责传递消息。

有一天，小萝卜头照常去上学，发现老师隔壁的牢房里来了一位新犯人。他好奇地过去问道："你是新来的吗？你叫什么名字？"

里面的人迟疑了一会儿，艰难地走到门口，看见外边站着一个小孩子，就回答说："我是陈然。"

"反动派问你，你说了吗？"小萝卜头小心翼翼地问道。

陈然摇了摇头，然后问道："你是谁？你在这里多长时间了？"

"我在这里待了好多年。他们都叫我小萝卜头。"说完，他警觉地向四周望了一下，小声说，"我要走了，下次我再来看你。陈然叔叔，再见了！"

小萝卜头来到老师的牢房里，将刚才的情况告诉了老师。黄显声将军写了一张纸条，叫他下课的时候交给一位名叫许晓轩的难友。等再次上课的时候，有一张纸条传到了陈然的手里。就这样，在牢房里面，地下党支部的关系通过小萝卜头又接上了。

陈然是《挺进报》特别支部的书记。这份报纸是重庆地下党创办的，对开展革命斗争起了非常重要的宣传作用。经过陈然的建议，《挺进报》在监狱里出版发行了。虽然它只是一张小小的纸条，但它为难友们传递了淮海战役胜利等许多信息。这份特殊的《挺进报》使监狱里的难友们备受鼓舞。小萝卜头为了这份狱中《挺进报》的流通，做出了特殊的贡献。

但是，随着解放军的节节胜利，反动派狗急跳墙，开始屠杀政治犯了。

1949年9月6日，小萝卜头和他的父母被国民党特务从贵州骗到重庆，带到了戴公祠警卫室，同行的还有杨虎城将军的小女儿杨拯贵。他们都很疲惫，正想坐下来好好休息的时候，几个拿着大刀的特务突然闯了进来。见到此情景，小萝卜头的爸爸妈妈知道敌人要下毒手了。他们都是坚强的革命者，从被捕的那一天起，就做好了牺牲的准备，但是两个孩子是无辜的呀，不能让屠刀落在孩子的头上啊。

小萝卜头的妈妈义正词严地对特务说："我们对死无所畏惧，但是你们不能伤害这两个孩子。孩子们什么也不懂，他们是无辜的。"

可是那些特务丝毫不理会这些，举起大刀朝小萝卜头的爸爸和妈妈砍去，顿时鲜血四溅。那几个特务已经杀红了眼，接着举起血淋淋的大刀又向两个孩子逼近。

一个特务先向小姑娘砍去。小萝卜头想去保护她的时候，已经来不及了。小姑娘躺在了血泊之中。小萝卜头大声喊道："你们这些狗特务！放了我们，我们是无辜的！我们要出去……"不等他说完，特务就凶残地举起刀朝他的头砍去。

小萝卜头等人被杀害以后，灭绝人性的特务又在屋子里浇灌了水泥，以掩盖他们的滔天罪行。直到重庆解放以后，人们才将小萝卜头等人的尸体挖出来并安葬。

小萝卜头在监狱里受尽了非人的折磨，但在艰苦的环境之下，利用特殊身份做了许多成人不能做的工作，为革命的胜利立下了不朽的功劳。中华人民共和国成立后，人民政府追认小萝卜头为烈士。

参考文献

1. 宋振苏．我的弟弟"小萝卜头"［M］．上海：少年儿童出版社，1964.
2. 程树榛．闪耀在铁窗里的小星：小萝卜头的故事［M］．哈尔滨：黑龙江少年儿童出版社，1986.
3. 李林樱．小萝卜头［M］．石家庄：河北少年儿童出版社，1987.

39. 林森火

巍巍青山永不朽，浩浩东海忆森火

林森火，1934 年 5 月出身于浙江省玉环县坎门镇菜场巷的一个贫苦家庭。12 岁时他成了坎门镇镇西小学的学生。1947 年 4 月，中共坎门小教支部在西头小学成立坎门少年先锋队。林森火等 9 名进步学生被吸收为队员，林森火则被推选为队长。1948 年，坎门少年先锋队改称坎门儿童团，林森火任团长。1950 年 4 月，林森火加入了中国新民主主义青年团。林森火的一生都在为支持中国革命、支持中国共产党做贡献。

林森火，一个普普通通的孩子，却拥有不平凡的一生。他自出生就与贫困为伍。全家靠爸爸摆肉摊赚来的微薄收入维持生计，常常无米下锅。林森火也因此几度辍学。

由于家里经常受到当地渔霸、地主和资本家的剥削和欺压，因此林森火很小的时候心里就埋下了对这些剥削者仇恨的种子。

1946 年，村里办起了小学校，林森火成为坎门镇镇西小学的学生。

林森火的成绩很好，可是因为交不起学费而面临辍学。尽管如此，他却将学费减免单让给了其他贫困学生，白天有空就随哥哥上山砍柴、讨小海或上街卖炒豆赚点钱。

他很爱写日记，日记内容很贴近生活，也很有自己的思想，可是他买不起日记本，就将香烟包装纸装订起来，当作日记本。

他热爱读书。由于家里点不起菜油灯，他就到商店门口借光看书。

他爱讲故事，进的道理浅显易懂，引人思考。

他的兴趣很广泛，还热爱画画、木刻、泥塑等。

他尊敬师长。“一日为师，终身为父”是他对老师最深的敬意。

他关心同学。有同学家离学校远。为了能让同学免于来回奔波，他就留同学在自己家里吃中饭。尽管自己家的日子也很不好过，他却抑制不住对同学的一片赤诚之心。

这年春天，林森火的两名身为中共地下党员的老师在当地的穷孩子中建立起了地下儿童团。林森火成为第一批加入地下儿童团的孩子。从那时起，林森火的人生道路发生了彻底的改变，注定了他与党相随的生命历程。

学校的老师们得到了一批进步书籍。老师们将这些进步书籍发给孩子们看。林森火很喜欢这些书，常常看到深夜。在中共党组织的引导和老师的帮助下，林森火的思想觉悟不断提高。他决定创办一个秘密图书馆，以便更多的同学阅读到革命进步书籍。他创办的与其说是图书馆，不如说只是一个简易的小草棚。尽管如此，但是同学们已经十分满足了。林森火常常和伙伴们说：“咱们现在的条件虽然艰苦，但是等到革命胜利了，咱们就可以搬到大高楼里去读书了！”后来，这个秘密图书馆受到了反动警察的注意。为避免遭到反动警察的破坏，林森火和伙伴们巧妙地把图书转移到关帝庙内的一口空棺材里。

在阅读这些进步书籍的过程中，林森火和小伙伴们逐渐懂得了黑暗社会的本质，懂得了只有依靠中国共产党，人民才能翻身，才能过上好日子。

在儿童团成立以后，林森火和小伙伴们从老师那里听到了许多关于解放区的儿童勇斗地主恶霸，支援中共、支援革命的故事。林森火受到了很大的鼓舞。他和伙伴们常常在深夜里帮助地下党员印革命传单，并在傍晚的时候到人群中散发，暗中鼓励人们勇敢地与镇上的反动警察、渔霸、地主和资本家做斗争。

林森火非常聪明机智。有一次，他按照游击队队长的指示，带着小伙伴们去镇上秘密地贴标语。等到天黑时，他们开始执行任务。一个小伙伴把传单涂上糨糊正要往墙上贴，就被林森火及时制止了。林森火说："传单贴得这么矮，敌人一定会猜到是小孩子干的。要是他们找到学校，一定会给老师添麻烦的。"于是，他让小伙伴踩着他的背，把传单贴到了高处。

还有一次，在贴标语的途中，他们遇到了巡逻的敌人。要是传单被敌人发现就糟了。这时，林森火灵机一动，带领小伙伴机警地躲到了附近的破庙里，把标语和传单用香炉里的香灰覆盖起来。敌人进来的时候只看到几个小孩子在庙里下棋，找不到可疑的东西，只好骂骂咧咧地离开了。

为张贴一些警告敌人的标语，林森火灵活地采用调虎离山之计引开敌人，把这些标语贴到了大街小巷和敌人的碉堡上，把敌人气得直咬牙。林森火和伙伴们张贴的标语向群众传播了中共的革命思想，鼓舞了群众的革命热情，支援了中共和中国革命的发展。

1947 年，国民党的反动统治越来越黑暗，活动也越来越猖狂，他们对中共地下党的活动进行严密的封锁。为了传递情报，中共想到了儿童团。由于年纪小，不容易引起敌人注意，于是林森火和另一名儿童团团员担任了中共地下交通员，负责传递重要情报。他们总是随叫随到，很好地完成了地下党交予的任务。

一天夜里，外面下着倾盆大雨。小森火收拾完秘密图书馆的所有图书回到家之后，作为中共地下党员的李老师来到林森火的家里。李老师告诉林森火敌人第二天要搜山，让林森火马上去给山上的游击队送信。听到消息后，林森火毫不犹豫地冒着暴雨，连夜出发了。由于林森火及时准确的情报，游击队即时撤退了。敌人在第二天搜山时扑了个空，只好悻悻而回。

1949 年春，游击队为了攻打坎门镇，急需了解镇上敌人的情况。地下党把这个重要的任务交给了林森火等人。为了摸清敌人的兵力、武器情况，林森火和小伙伴们在星期天的早晨，趁着敌人在操练的时候，来到敌人操练场地的旁边假装玩起了扔石子的游戏，同时把敌人的数量，配备的机枪、步枪、手榴弹和小炮的情况都准确地记录了下来。为了探清敌人炮楼里的情况，林森火假扮成贩卖炒豆的小贩，混进了炮楼，把炮楼里的敌情也侦察得一清二楚。

有了这些情报，知己知彼的游击队顺利地攻下了坎门镇，赶跑了敌人。林森火和小伙伴们为这次战役立下了汗马功劳。

1950 年 11 月 20 日，林森火正在学校上课，外面突然响起了炮火声。原来是被打跑的敌人又从沿海岛屿逃窜到沿海陆地进行骚扰。林森火在帮助老师疏散了同学之后，主动跑到镇政府去看看自己有没有能帮上忙的地方。正好此时在后山作战的解放军缺乏子弹，林森火二话不说就背起一箱子弹往后山跑去，为弹尽的解放军雪中送炭。林森火要求在山上和解放军叔叔一起与敌人作战，解放军叔叔却说："不行，这里很危险，你快点回去吧！"

林森火一心想着为解放军叔叔做点什么，于是到后方的炊事班帮忙烧水做饭。炊事班所在地虽然在山脚，但是仍然在敌人炮火的射程之内，时常遭遇炮火袭击。这时一颗敌人的炮弹击中了炊事班所在地，林森火倒在了血泊之中。年仅 16 岁的林森火在人民解放战争中，献出了自己年轻的生命。

战斗结束后，全镇军民为林森火举行了追悼会。同年，当地人民为其修建了烈士墓，当地政府将林森火生前居住的菜场巷改名"森火巷"。

林森火虽然离我们远去了，可是他的革命精神将长存世间。

参考文献

1. 卢秀灿. 林森火［M］. 北京：中国少年儿童出版社，1983.
2. 共青团中央少先队工作委员会，四川少年儿童出版社. 中国现代少年英雄传：林森火［M］. 成都：四川少年儿童出版社，1985.

40. 刘文学

挺身而出为集体，舍生忘死护财产

刘文学，1945年出身于四川省合川县渠嘉乡双江村一个贫苦农民家庭，从小就受到地主的欺压。1952年9月，刘文学入双江村小学学习。1957年秋，他光荣地加入了中国少年先锋队。1959年11月18日，为了保护集体的利益，年仅14岁的刘文学被杀害。

渠嘉乡是一个美丽的地方，这里山清水秀，人杰地灵，民风淳朴。1945年2月，渠嘉乡双江村一个贫苦农民家庭中诞生了一名男婴。父母给他取名刘文学。

在旧社会，贫苦的农民脸朝黄土背朝天，辛勤地劳作，只能靠自己的双手才能生存下去，受尽了地主的欺压和折磨。幼小的刘文学挨过饿、受过冻，被地主放出的恶狗咬伤过。这些心酸的成长经历使得幼小的刘文学对旧社会充满了仇恨。他心中暗暗地决定："不忘阶级苦，牢记血泪仇！"

中华人民共和国成立后，在中国共产党的领导下，广大劳动人民翻了身，成了国家的主人。刘文学的家乡开展了轰轰烈烈的土地改革运动。他们一家人从破旧的茅草房搬进了原来是地主住的大瓦房里。在政府的帮助和关怀下，刘文学背起书包上学了。

刘文学小时候非常调皮，经常带领小伙伴们抓鸟蛋、捅蜂窝或者到河里摸鱼。妈妈怕他学坏了，对他管教非常严厉，从小就教育他："咱人穷志不穷，千万不要跟坏孩子学！"

刘文学虽然调皮，但很懂事，非常珍惜来之不易的幸福生活。放学回到家里，他会主动为妈妈分担家里的农活。他还经常帮村里的爷爷奶奶们挑水、喂牛、捡柴，同大人们一起参加生产队的集体劳动。在学校，他学习非常刻苦，成绩优秀，而且光荣地加入了中国少年先锋队，积极参加少先队活动，认真完成队组织交给的任务。

在自己的笔记本上，刘文学工工整整地写上了心里常常念着的一句话："我们全国各地的小孩子，都要做毛主席的好孩子！"

1959 年 11 月 18 日傍晚，刘文学刚刚放学回家，妈妈就对他说："文学，现在大家都在为集体劳动，你也要坚持原则，积极劳动呀！"

"好的，妈妈，我马上参加劳动去。"刘文学高兴地答道。

刘文学早早地吃过晚饭后，快步跑到公社的蔬菜地里。这时，蔬菜地里已经有很多社员在劳动了。大家一边劳动，一边讨论着今年海椒的收成，干劲很足。刘文学也不示弱，加入劳动的人群中。

不一会儿，夜幕降临了，刘文学已累得满头大汗。旁边的社员们看见了，对他说："文学，累了就休息一会儿吧。"

"没事，我不累。"刘文学抹了一把汗水，继续干起来。

到深夜 11 点，一位老伯伯疼惜地对刘文学说："赶快回家吧，你明天还要上学呢。"

在周围社员的催促下，刘文学这才停下了手中的活，向家里走去。

借着夜色中的微弱星光，刘文学快步往家里赶。走到公社食堂的时候，他发现食堂旁边的海椒地里有一个鬼鬼祟祟的人影在晃动。刘文学心想："这么晚了，谁在这里啊？社员们都劳动去了，难道……"想到这里，刘文学快步跑过去，一看，原来是被管制的地主王荣学，他正在偷海椒呢。

王荣学原是地主，中华人民共和国成立后，政府宽大处理了他。当了收粪工以后，王荣学一直心存怨恨。当时的海椒要卖 4 角钱一斤。王荣学打算在顺道进城收粪时，把偷来的海椒带到城里去卖。正准备离开时，突然看见一个人出现在自己的面前，王荣学吓了一大跳。等他缓过神来一看，发现来人竟然是还在读书的刘文学，这才舒了一口气。

望着王荣学跟前的半背篼的海椒，刘文学厉声问道："王荣学，你为什么偷公社的海椒？"

"我没偷呀。是公社派我来摘的。"王荣学一边眨着小眼睛，一边狡辩道。

"哼，你还不老实呢。既然公社派你摘海椒，那你为什么不到蔬菜地里去，却跑到这里来？"刘文学高声反问。

这时，王荣学一句话也答不上来。他紧张地朝四周看看，怕别人听到刘文学的声音。他连忙低声说："又不是我一个人在偷，那边还有人在偷橘子呢，不信你去看看。"

刘文学知道王荣学一肚子坏水，但是为了看个究竟，又为了防止王荣学逃走，就将王荣学的背篼抢先拿在手上，心想，只要物证在，也不怕他逃走。

于是，刘文学就拉着王荣学来到远处更黑的红苕地橘子树下，却没有看见一个人影。刘文学知道自己受骗了。他转过身来愤怒地盯着王荣学。

王荣学马上装出一副可怜相，哀求道："好兄弟，这件事情天知、地知、你知、我知。如果你不说出去的话，就没有人知道。如果你说出去了，我马上就要被关起来的。好兄弟，我们是一个村的人。你今天放我一马，改天我一定会好好报答你的。"

"哼，黄鼠狼给鸡拜年，没安好心。"刘文学心里暗暗地想着。

王荣学见刘文学还是一脸生气的样子，就从口袋里摸出一元钱，塞到刘文学的手上，奸笑着对刘文学说："小兄弟啊，这一块钱给你。你就把我放了吧。"

刘文学一把将钱摔到地上，气愤地说："没门！我是不会被你收买的！老师说过，少年先锋队要与坏分子做斗争。"说完，他就拉起王荣学的衣服，说："你别再耍花样了，跟我到公社的治安委员会那里去。"

但刘文学毕竟只有 14 岁，力气没有 40 多岁的王荣学大。他怎么拉都拉不动王荣学。

奸计被识破的王荣学终于露出了凶残的嘴脸。他挥舞着拳头，威胁道：“小家伙，别敬酒不吃吃罚酒。你再敢拉我，我就整死你。”

“你整死我，公社也不会放过你这个坏蛋的。”刘文学毫不畏惧地说。

看到还拉不动这个顽固的地主，刘文学高声喊道：“快来人呀，地主王荣学偷海椒了。”

刘文学洪亮的声音在夜空里飘荡。王荣学眼看这个少先队员这么纠缠不放，心里更加害怕了。为了不让别人听到，王荣学顿时起了歹心，要置刘文学于死地。

于是，王荣学凶相毕露，猛地将刘文学扑倒在地上。刘文学奋起反抗，敏捷地爬起身来与王荣学扭打起来。但是，刘文学哪是王荣学的对手。此时的王荣学已经失去了理智，像一条发疯的野狗，用身体死死地压住刘文学，用左手死死掐住刘文学的脖子，用右手捂住他的嘴，见刘文学失去反抗后，又用背篼上的草绳，凶残地将刘文学活活勒死，并把刘文学的尸体扔到了土沟中。

王荣学为了防止事情败露，又将刘文学的尸体抛到附近的一个堰塘里，制造出刘文学自己失足溺水身亡的假象。

第二天，刘文学的妈妈发现儿子失踪，就上报了生产队。后来，有社员在堰塘里发现了刘文学的尸体。四川省合川县公安局接到报案后立即赶赴现场，发现尸体的后颈处有明显的被掐过和被绳子勒过的痕迹，初步断定刘文学不是溺水身亡。随后，办案警察又在距离堰塘 50 米处的红苕地上发现了洒落一地的海椒和打斗及拖移尸体的痕迹，并发现了刘文学的脚印和一根草绳。经过缜密调查，公安局决定在生产队里召开社员大会，请大家大胆揭发。会后，有社员揭发说：“地主王荣学的粪船上有装海椒的口袋。”

于是，办案警察找到王荣学，发现他的手上有被咬伤的痕迹，并在他的家里发现了赃物——海椒。经过审问，王荣学交代了其杀害刘文学的犯罪事实。

1960 年，四川省合川县人民法院依法判处王荣学死刑，随后对他执行枪决。罪恶的王荣学终于得到了应有的惩罚。

刘文学牺牲后，合川县举行了万人追悼大会。共青团合川县委追认刘文学为“模范少先队员”。不久，共青团中央号召全国的少先队员向刘文学学习，广泛地掀起了“学习刘文学，做毛主席的好孩子”的热潮。

2009 年，刘文学入选“100 位为新中国成立作出突出贡献的英雄模范人物”和“100 位新中国成立以来感动中国人物”名单。

刘文学为了保护集体利益，献出了自己年轻而宝贵的生命。他的名字将永远被铭记。他见义勇为的精神值得我们学习！

参考文献

1. 李致，蓝星，黄韶. 毛主席的好孩子刘文学［M］. 上海：少年儿童出版社，1960.
2. 贺宜. 刘文学［M］. 上海：少年儿童出版社，1965.
3. 共青团中央少先队工作委员会，四川少年儿童出版社. 中国现代少年英雄传：刘文学［M］. 成都：四川少年儿童出版社，1985.

41. 张高谦

闽东山上小青松，舍己为公红少年

张高谦，1947 年出生于福建省寿宁县大韩村，1958 年加入少先队。1959 年，他主动承担为生产队放羊的任务。他爱护羊群如同爱护自己的生命，不论是严寒酷暑，还是刮风下雨，他每天都要到羊圈照看好几次。1961 年 2 月 6 日晚，他为了维护集体财产，死在偷羊人的柴刀之下，年仅 13 岁。

1947 年，张高谦出身于寿宁县大韩村一个贫苦农民家庭。当时地主霸占田地、逼租逼债，对农民进行残酷剥削和压迫。农民们终年劳累，可还是吃不饱、穿不暖，生活在水深火热之中。

中华人民共和国成立后，张高谦家也分到了房和地，生活一天天好起来了。

张高谦从小就热爱劳动，经常跟爸爸、妈妈种菜、砍柴、养猪、喂鸡。村里的人都夸他是个好孩子。

10 岁那年，张高谦上学了。当他背起新书包上学的时候，他的心里是多么的高兴呀。他深知幸福的生活来之不易。在学校里，他学习格外勤奋。每天一大早，他总是第一个到校，坐在校门口外的大石头上朗读课文。在课余时间里，张高谦喜欢和同学们一起交流学习心得，很受同学们欢迎。同时他也是老师的好帮手，经常帮助老师擦黑板，表现十分出色。1958 年，张高谦加入少先队，并连续三年当选为少先队中队长。

当学校举行队日活动时，老师会给他们讲战斗英雄的故事。张高谦每次都听得非常入神。英雄的事迹深深地激励着他。他决心向少年英雄们学习，继承革命先烈们的遗志，以实际行动来当好社会主义事业的接班人。

村里的孩子们上学时都要经过一条小河，每到下雨天的时候，河水上涨，过河非常危险。放学后，张高谦都坚持去渡口护送同学过河。他还坚持帮助村里一位双目失明的张大爷挑水、砍柴，并经常把自己种的菜送给张大爷，陪张大爷聊天解闷。

1959 年，大韩村遭遇严重的自然灾害，村民们的粮食大量减产。生产队为了发展生产，买了几只母羊和小羊羔。可是村民们都忙着地里的农活，因此，羊群缺少专人饲养。张高谦看在眼里，急在心上。有一天放学回家后，他就跟妈妈商量：“妈妈，队里的羊群没有人看管。我想把这个责任承担下来，行吗?”

妈妈有些犹豫，微笑着说：“好是好，可是你还要读书啊，哪里有时间呢?”

“妈妈，我已经想好了，我可以半天读书，半天放牧，而且我早晚加强复习，将耽误的时间补回来，不就可以了吗?”

妈妈笑了，就没再阻挠他，同意了他的请求。

生产队队长听说张高谦主动要求放羊，又知道他是个热爱集体、办事认真的孩子后，便高兴地把这个任务交给了他，并叮嘱他好好喂养，放牧时要留神，不要让羊吃庄稼。

自从接受放羊的任务后，张高谦可负责了，不论是严寒酷暑，还是刮风下雨，他都按时去打扫羊圈，看管羊群。

有一次，张高谦发现羊群里有只母羊生了小羊后没有奶水，他就用自己平时卖柴、卖金银花攒起来的钱买了鸡蛋，做了红糖煮鸡蛋给母羊吃。不久，母羊就有了奶水。

在张高谦的辛勤饲养下，生产队的羊群长得又肥又壮，母羊还生了几只小羊呢。到了 1960 年秋，8 只羊发展成了 14 只。乡亲们都夸张高谦把集体财产看得比自家还重。在学校里，张高谦当了中队长以后，学习更加刻苦，品学兼优，受到老师的赞扬和同学的敬佩。

1961年2月6日傍晚，狂风大作，还伴着零星小雨。放学后，张高谦看到风刮得很大，心想："风这么大，不知道羊都安顿好没有，我得去看看羊群。"于是，他匆忙来到生产队羊圈。

风越刮越大。张高谦看到羊圈的一根栅栏松开了。突然，羊圈里面传来异常的响声。

"怎么回事?"来不及想太多，张高谦快步冲到羊圈里，发现有人正在拖着一只羊往外走。

张高谦仔细一看，原来是刚刚刑满释放的陈先凤。

"站住，别动!"张高谦飞速跑到陈先凤面前。

看见突然窜出来一个人，陈先凤吓了一大跳，等回过神来，见是本村的小学生张高谦，马上不害怕了，奸笑着对张高谦说："张高谦，不要多管闲事啊。"

"这是闲事吗？你偷生产队的羊，我能不管吗?"张高谦义愤填膺地说。

"这是生产队的羊，又不是你一个人的羊，你管得着吗?"陈先凤还在狡辩。

"你不放下羊，我就喊了。"张高谦说道。

陈先凤哄骗说："别喊。杀了羊分给你一半。"

张高谦愤怒地说："生产队的羊，谁也不能碰，一根羊毛也不许动!"

陈先凤从口袋里掏出一些钱来，轻声说："小兄弟，咱们都是一个村的。只要你睁一只眼、闭一只眼，这些钱就是你的了。"

张高谦劈手将钱打落在地上，怒骂道："你这个坏蛋！你想收买我，办不到。"

于是，张高谦抓住陈先凤手中的羊，想拼命夺回来。陈先凤见软的不行，便拿起锋利的柴刀威胁说："你不要敬酒不吃吃罚酒。你说，你要命还是要羊?"

在柴刀面前，张高谦毫不畏惧，一边和陈先凤搏斗，一边高喊：

"快来人呀，捉贼呀。"但是，风太大，张高谦的喊声被狂风淹没了。

狗急跳墙的陈先凤终于举起柴刀对张高谦下了毒手。英勇的张高谦终因体力不支倒在了血泊之中。那只被张高谦夺回来的羊，也被鲜红的血染红了羊毛。为了保护集体财产，张高谦献出了自己年轻的生命。

听到张高谦牺牲的消息后，愤怒的村民马上行动起来，追查真凶。不久，陈先凤就被捉住了，受到了法律的严厉制裁。

年仅 13 岁的张高谦牺牲后，他的英雄事迹被广为传诵，他的英雄形象在广大少年儿童中产生了巨大的影响。他被誉为"闽东山上小青松"。团中央追认张高谦为"红色少年"，并号召全国广大少年儿童向张高谦学习。为了表彰张高谦，1962 年 3 月，共青团福建省委做出决定，追认他为"优秀少先队员"。

为缅怀张高谦，进一步弘扬热爱集体、无私奉献的精神，在各级党委和政府的重视和支持下，1991 年，福建寿宁县委、县政府在大韩村附近山头上迁建了新的张高谦烈士陵园。2000 年，又迁建了新的张高谦纪念室。张高谦烈士陵园、张高谦纪念室与张高谦故居、张高谦生前就读的大韩村小学等场所相依托，成为初具规模的爱国主义教育基地。2000 年 6 月，共青团中央将张高谦烈士陵园列为第三批"全国青少年教育基地"。

参考文献

1. 何为. 张高谦［M］. 上海：少年儿童出版社，1964.

2. 刘晓平. 张高谦［M］. 钟增亚，李舒云，赵隆义，绘. 北京：人民美术出版社，1979.

42. 何运刚

从小立下革命志，下定决心跟党走

何运刚，1965年出生在四川省梁平县，从小就热爱英雄，崇拜英雄。伟大领袖毛主席逝世时，他写下了“从小立下革命志，下定决心跟党走”的誓言。1977年，何运刚毕业于西大街小学，同年升入梁平中学。1978年1月15日晚，何运刚为了保卫集体财产，同偷盗集体财产的罪犯殊死搏斗，不幸英勇牺牲，年仅13岁。

何运刚是梁平县梁山镇群益大队人，他从小就爱集体、爱劳动。

1972年秋天，何运刚到了上学的年龄。因为家里比较困难，他就千方百计地说服爸爸，用自己给生产队放牛的收入，和小伙伴们一起走进了梦寐以求的学校。

学校里的一切都是那么的新鲜，有热心的老师，还有许多小伙伴。虽然当时处于“文化大革命”时期，但何运刚觉得上学还是蛮有趣的，可以学习文化知识，还能听老师讲故事。

学校的老师可会讲故事了，常给孩子们讲刘胡兰、王二小等英雄的故事。他们的故事对何运刚影响很大，其中最让何运刚感动的还是刘文学的故事。这不仅因为刘文学是他的四川同乡，更重要的是因为刘文学爱护集体财产的品质和见义勇为的精神深深吸引了他。从此，他对英雄产生了崇拜之情，立志要以他们为榜样。

开学后不久，何运刚就用压岁钱买了一本《火红的少年》。这是一本讲述刘文学事迹的书。

有一天放学后，语文老师见何运刚还没回家，正坐在教室里聚精会神地看书，就好奇地走了过去。何运刚没有发觉老师走过来，依然埋着头看书，还用笔在自己的本子上写着什么。

“何运刚，你在看什么书呢?”老师拿过何运刚手里的书，一看是《火红的少年》。

何运刚望着老师笑了，没说话。

老师接着说：“嗯，这本书不错。刘文学是一个少年英雄，是你们学习的好榜样。”

何运刚点点头，等老师走后，他又看了一会儿才回家。

受革命先烈和英雄人物的影响，何运刚决心要向他们学习，好好读书，多为集体做贡献。他的笔记和作文中，经常写道：“我要学黄继光，敢拿胸口去堵住敌人的枪眼；要学刘文学，情愿死也要和阶级敌人斗争……”在学校里，他尊师守纪，勤奋好学，品学兼优；在老师和同学心目中，他是个好学生、好伙伴；在家里，他是个勤劳的孩子。

何运刚家中喂养了生产队的牛。有一天下午，何运刚放学回到家里，看见爸爸正在辛苦地给生产队里的老牛喂草。他心想：“爸爸白天要在地里劳动，下午还要喂牛，多么辛苦呀。我现在长大了，可以为爸爸分担一些了。”于是，他放下书包，走到爸爸旁边，一边抱着稻草喂牛，一边对爸爸说：“爸爸，以后喂牛的任务就交给我吧。我可以帮你喂牛。”

“好孩子，可你现在学习要紧啊。”爸爸心疼地说。

“我能行的。白天我认真学习，傍晚时可以帮你放牛。”何运刚望着爸爸说。

“那好，但白天你得抓紧学习啊，不能把功课落下。”爸爸看到儿子这么懂事，十分高兴。

此后，放牛的任务就交给了何运刚。每天放学后，何运刚就赶着老牛去寻找新鲜的嫩草。不到半年，一头瘦弱的老牛就变得又肥又壮了。

除了放牛外，何运刚还主动帮军属砍柴，帮小同学过河，同时更加勤奋学习。何运刚的邻居谭奶奶是位军属，她的老伴牺牲了，子女又不在身边。她的腿上长了一个脓疮，十几年都没治好。何运刚听说松树上有一种东西，烤出的白烟可以熏好脓疮，就动员小伙伴们一起去采。他用这种办法果然把谭奶奶腿上的病治好了。

上了中学以后，何运刚心里很难受，因为自己成绩不够理想。他暗下决心，一定要好好学习，迎头赶上。

于是，每天放学回到家中，何运刚并没有把书包放下，而是直接背着书包去放牛。放牛时，他就拿出英语书和语文书出来背。功夫不负有心人。在期末考试中，他取得了优异的成绩，进入了班级前三名，受到了老师的表扬。

1978 年 1 月 15 日，这天正好是星期天，何运刚帮家里忙了一天，累得浑身发酸，像散架了一样。虽然外面天气格外寒冷，但考虑到第二天要上学，他在傍晚休息了一会儿，吃过晚饭，就拿出书本趴在自家桌子上看书、写作业。忽然，他听到外面有人喊："何运刚，有人偷你家的稻草了！"

何运刚一听，想起当初爸爸对他说的话："稻草是牛的粮食。队里把稻草交给我们家保管。谁来偷草，我们就一定要抓住他。"于是，何运刚急忙从屋子里跑了出来，不顾一切地跑向牛草房。来到牛草房后，他看到刚才喊他的周兴东也气喘吁吁地跑了过来。

突然，一个人影鬼鬼祟祟地从牛草房里出来，还抱着一大把稻草。当他看到何运刚和周兴东时，立即撒腿就跑。何运刚看到有人偷稻草，就对周兴东说："你赶快回村去报信。我先去追他。"说完，何运刚独自跑到那个坏蛋面前，厉声说道："这是队里的稻草，你不能偷走！"

那人一看前面突然站了一个小孩，大声吼道："小兔崽子，你别多管闲事！否则我饶不了你！"他一边说，一边挥了挥拳头。

看那人气势汹汹，何运刚脑海里浮现出了一个英雄的影子——刘文学。何运刚仿佛觉得刘文学在对自己说："不要害怕坏人。他做了亏心事，其实比你还心虚。"想到这里，何运刚心里充满了无穷的力量。

面对坏蛋的恐吓，何运刚并没有被吓倒，而是鼓足勇气，大声说："你是什么人？今天你不放下稻草，就别想走。"

那人一听，便将稻草丢在一边，接着就给了何运刚一拳，重重地打在何运刚的脑袋上，口中还骂骂咧咧地说：“这就是你多管闲事的下场。”

何运刚顿时觉得头昏眼花，倒在了地上。

这时，那人抱起稻草准备逃走。虽然头痛得厉害，但何运刚挣扎着爬了起来，心里只有一个信念：“绝不能让那个坏蛋把稻草偷走。如果这次放了他，下次他再来偷稻草怎么办？一定要抓住他，把他送到生产队队长那里。”想到这里，何运刚一边大声喊捉贼，一边加快脚步追上那个坏蛋。

那人看到何运刚紧追不舍，就恶狠狠地对何运刚说：“你别来找死。你再追，我就再给你一拳。”

“走，你跟我到队长那里去。”何运刚拉着坏蛋的衣服往后拽。

那人看何运刚拽他的衣服，就恶狠狠地瞪着何运刚，并威胁说：“小家伙，就这么点稻草，也不值几个钱。你今天放了我，我就不整你。要不然，我真的不客气了。”

“不行，你今天必须跟我到队长那里坦白，不然我是不会放过你的。”何运刚依然抓着那人的衣服不放，高声喊道，“快来人啊，抓贼啊！”

那人一看形势不妙，心想：“要是有人听到喊声跑过来，那自己就跑不了了。”他一把将何运刚按在地上，丧心病狂地掐住何运刚的喉咙。

何运刚倒在地上，喉咙里发出“嘀嘀”的叫声。他拼命挣扎着，同时用双手紧紧地抱住那坏蛋的左腿。不一会儿，小英雄何运刚便停止了呼吸。为了保卫集体财产，年仅13岁的何运刚惨死在魔爪之下。

那个坏蛋掐死何运刚后，好不容易才掰开何运刚的双手，然后飞速地消失在黑夜之中。不一会儿，周兴东带着生产队队长和队里的人匆忙赶到，但那个坏蛋已经逃脱了。

经过连夜追赶，一直追到第二天天亮，生产队队员们终于逮到了那个坏蛋。那个坏蛋名叫陈永祥，是附近劳改农场的逃犯，趁黑夜流窜到梁平。当时他想偷点稻草到瓦窑下过夜，不想被发现了。为了不暴露身份，他仓皇逃跑，但何运刚紧追不放，他就对何运刚下了毒手。坏人终究逃脱不了法网。陈永祥被捕后受到了法律的严厉制裁。

何运刚英勇牺牲后，为了表彰他的英勇事迹，共青团四川省委、四川省教育局授予他“少年英雄”的称号。

何运刚的生命虽然短暂，但他用短暂的生命谱写了一曲光辉的诗篇。他将永远活在人民心中。

参考文献

1. 吴若增. 少年英雄何运刚［M］. 刘希立，季源业，张鸾，绘. 天津：天津人民美术出版社，1978.
2. 共青团中央少先队工作委员会，四川少年儿童出版社. 中国现代少年英雄传：何运刚［M］. 成都：四川少年儿童出版社，1985.

43. 努尔古丽

大草原上小红花，舍身护驼为大家

努尔古丽，是新疆木垒的一位女英雄，1965 年出身于新疆一个哈萨克族牧民家庭。1979 年 4 月 10 日，她为了保护集体的骆驼群，在暴风雪中坚守岗位，最后被冻死。牺牲后，共青团中央授予她“优秀少先队员”称号。

在美丽的新疆木垒哈萨克自治县，草肥水美，风景宜人。勤劳勇敢的哈萨克族人民在这片土地上快乐地生活着，像天空自由翱翔的雄鹰。努尔古丽就出生在这片广袤的土地上。

努尔古丽虽然是一个女孩，但她非常喜欢骑马放牧。努尔古丽的父母比较忙的时候，也会叫她帮忙牧羊、牛、马等牲畜。在跟随大人放牧的过程中，努尔古丽有时很好奇。在她看来，那块草地的青草明明很茂盛，为什么大人们随便下来走走、看看，就把牲畜赶到别的地方放牧。大人们就告诉她：“这片草地有不少毒草。牲畜吃了毒草会生病，甚至会死亡。”努尔古丽一边放牧，一边跟着大人们学，很快就学会了辨认草原上的许多种牧草和毒草。当她看到大人们给生病的牲畜打针和用药时，她也会站在旁边仔细观察，不懂时就问，很快就学到了许多畜牧知识。

随着努尔古丽不断长大，大队的牲畜也逐渐增加。懂事的努尔古丽每次放学做完作业后，都会主动到队里帮忙，给牲畜割草添料。每次队里开会，队长都会夸努尔古丽是一个懂事的孩子。

努尔古丽在放牧的同时，学习也很勤奋。在学校里，她经常第一个到，拿着课本大声朗读课文，积极主动地帮助班里的后进生，下课后还主动帮助老师擦黑板。在老师眼里，努尔古丽既聪明伶俐，又遵守纪律；在同学眼里，她是个助人为乐的好伙伴，也是学习上的好榜样。在上学期间，努尔古丽经常被评为“优秀少先队员”，多次被评为“三好学生”。

努尔古丽热爱中国共产党，从小就经常听队里的老战士张大爷讲抗日战争时期战斗英雄的故事，特别喜欢听刘胡兰的故事。她的书包里珍藏着一本刘胡兰的画册和一套战斗英雄故事集。在课余时间，她经常把这些书拿出来翻看，书里的每个英雄故事她都非常熟悉。她在学校学会了唱《学习雷锋好榜样》。

1979 年 4 月 10 日清晨，阳光明媚，晴空万里。这天，队里要把骆驼转到阿克达拉草场放牧。努尔古丽一家起得特别早，她的父母早早就赶到队里了。为了赶时间，努尔古丽和弟弟叶尔江急忙吃了两口饭，就一起上路了，同行的还有他们的小伙伴哈斯木。

队里的骆驼群出发时，努尔古丽、叶尔江和哈斯木三人在一起，跟随运送毡房用具的骆驼走着。一路上，他们有说有笑，不知不觉就到了中午。中午 12 点时，路上突然刮起了大风，乌云翻滚，接着倾盆大雨从天而降，气温急剧下降。不一会儿，冰雹和大雪一齐袭来。走在前面的努尔古丽发觉叶尔江赶着骆驼还没赶上来，就对爸爸妈妈说了一声。由于风太大，她的爸爸妈妈没听见，但努尔古丽还是调转骆驼往回找。

风很大，雪又紧，几乎睁不开眼的叶尔江看不清方向，赶着骆驼离开了大队伍。努尔古丽在狂风暴雪中苦苦找了两个多小时，才找到了骆驼群。除了弟弟赶的 83 峰外，还有哈斯木赶的 64 峰。骆驼在冰雹的袭击下四处狂奔。两个孩子从来没见过这么糟糕的天气，都被吓得要哭出来了。努尔古丽看着这么乱糟糟的场面，却显得非常冷静。她帮助他们把骆驼群赶到去阿克达拉的路上。在三个孩子的努力下，这些骆驼逐渐被赶到了路上。可是没走多远，就有 5 峰幼驼朝相反的方向跑去。努尔古丽立即追了上去，用绳子一峰一峰地把幼驼拉到了队伍中。

不久，狂风越刮越猛，暴雪越下越大，骆驼群也走得越来越慢。三个孩子被冻得浑身直打哆嗦。努尔古丽觉得应该通知大人来接应他们，她就挑了一峰熟悉道路的骆驼给弟弟，对他说：“你快回队里去报信。没有大人来接，咱们很难把骆驼赶到新草场。骆驼现在很危险。”

哈斯木伏在驼背上望着努尔古丽，打着冷战说：“你穿得这么少，会被冻坏的。你和叶尔江一起回去吧。我在这里看着骆驼。”

努尔古丽不同意，说：“我不能走。还是我在这里看着骆驼吧。我在骆驼在，不然，我活着也没脸见人！”

两人争执不下，最终还是弟弟叶尔江骑上骆驼顺着风走了。这时，风愈刮愈猛烈，气温也降到了-20 ℃以下。有 3 峰刚出生几天的驼羔受不了这么寒冷的天气，眼看就要被冻死了。怎么办呢？努尔古丽虽然被冻得满脸通红，但还是从自己骑的骆驼背上取下毡片、褥子，包在其中的两峰驼羔身上，又把另一峰驼羔搂在怀里取暖。随后，她又脱下自己身上穿的罩衫，把它紧紧地裹在驼羔身上。过了好一会儿，这些驼羔终于缓了过来。哈斯木看到此情景，对着努尔古丽大喊：“赶快把罩衫穿回去，否则你会被冻坏的。”

“没关系，救骆驼要紧。”努尔古丽回答道。

努尔古丽和哈斯木费了好大的劲，顶着暴风雪，才把这群骆驼赶到了附近一个背风的地方。努尔古丽先吆喝着让一峰大骆驼卧倒，再让别的骆驼依次卧下。这些骆驼屁股朝着狂风刮来的方向。16 峰驼羔分别藏在各自母驼的脖子下面。

持续了七八个小时的暴风雪仍在肆虐，天也快黑了。守在驼群里的两个孩子就商量着接下来该怎么办。

哈斯木说：“天这么冷，又这么黑，大人要是找不到咱们，骆驼会被冻死的。不如让骆驼在这儿卧着，咱们去接一接你弟弟他们吧。”

“干部没有来，我们不能离开驼群。”努尔古丽说。

“骆驼已经顺风跑了这么远，大人们也很难找到我们了。如果我们不去接他们，这些骆驼也有危险啊。”哈斯木说。

努尔古丽觉得有道理，就同意了。

努尔古丽和哈斯木各自骑上了骆驼。哈斯木走在前面，手里牵着努尔古丽那峰骆驼的缰绳。他们迎着风雪出发了。他们一边走一边互相呼唤。起初，哈斯木还能听到努尔古丽的应声。过了一会儿，哈斯木再次叫道："努尔古丽。"可是没人回应了。这下他慌了，回头一望，努尔古丽已经不在驼背上了。他马上往回走，一边走一边喊，嗓子都喊哑了，可是仍不见努尔古丽的踪影。

大人们跟着努尔古丽的弟弟叶尔江在风雪中从黑夜找到黎明，可是仍然找不到两个孩子的踪影。第二天下午 1 点半左右，大队总支部书记突然发现前面的雪地上有块红艳艳的东西，忙扑过去一看，原来是条红领巾。"快过来，快过来。"他大声朝后面的人呼喊。公社干部、生产队队长都赶了过来。他们连忙扒开雪层。努尔古丽僵硬的身体露了出来，她右胳膊下还夹着放牧的鞭子。

为了保护集体财产，努尔古丽牺牲了。离她牺牲之处不远的地方安卧着 147 峰骆驼，一峰不少。旁边还印着她的球鞋印。从这些影影绰绰的鞋印可以看出，努尔古丽和哈斯木走散后，她又独自返回驼群，一峰一峰地查点了一遍。

努尔古丽，这朵英雄之花虽然在暴风雪中凋零了，但是她的精神如同天山上永不凋谢的雪莲，永远冰清而纯洁！

参考文献

1. 共青团中央少先队工作委员会，四川少年儿童出版社. 中国现代少年英雄传：韩余娟、孙玉芳、努尔古丽［M］. 成都：四川少年儿童出版社，1985.
2. 胡建中. 少先队的骄傲［M］. 北京：中国少年儿童出版社，1994.

44. 韩余娟

无私奉献活雷锋，舍己为人小红花

韩余娟，1971年出身于江苏省宿迁塘湖乡庵圩村一个农民家庭。她乐于助人，从1981年起，就坚持不懈地服侍“五保”老人傅王氏。1983年8月14日夜，因多日暴雨连降，房屋倒塌。韩余娟为了保护老奶奶，身负重伤，经抢救无效，献出了自己年幼的生命，牺牲时年仅12岁。

1971年9月的一天，庵圩村一户姓韩的人家生下了一个丫头，取名韩余娟。纯朴敦厚的家风使得韩余娟从小就养成了勤劳、善良、温和的性格。

由于家庭经济条件差，韩余娟10岁才上小学一年级。在班级里，她是年纪最大的一个。在入学那天，当其他孩子穿着新衣裳、背着新书包进学校的时候，她还穿着姐姐的旧褂子和哥哥的旧胶鞋。爸爸带她到集市买文具，她就挑价钱最便宜的买，因为她知道，家里条件不好，能供她上学已经很不容易了。在家里，她是最小的孩子，可她一点也不娇气，每天放学以后就回家割草喂猪、刷锅洗碗，替家里做一些力所能及的活。韩余娟平时学习刻苦，遵守纪律，尊敬师长，团结同学。第一个学期，她就戴上了鲜艳的红领巾，光荣地加入了中国少年先锋队。

随着年龄的增长和知识的增加，韩余娟的思想觉悟也逐步提高。她非常喜欢听雷锋的故事，并暗下决心向雷锋叔叔学习，做一个乐于助人的人。此后，无论在校内还是在校外，她做好事从不留姓名。同学生病了，她会去看望，并帮助同学补习功课；在路上捡到钱，她会主动交给老师。在学习上，她对自己要求很严格，从一年级到二年级，每学期她都被评为“三好学生”。老师给她的评语是：“学习刻苦踏实，热情帮助同学……”

韩余娟的父亲是一名伤残军人。复员后，他将解放军的优秀传统带回了老家，主动承担起赡养生产队里的“五保”老人傅王氏的责任，常年为老人挑水、送饭、买药，送老人看病，逢年过节就把老人接到家中团聚。正是这位平凡而朴实的父亲，把中华民族的传统美德化为滴滴甘露，浇灌在韩余娟幼小的心田上。韩余娟把父亲的一言一行看在眼里、记在心上，以父亲为榜样，继承了这些传统美德，并且表现在具体行动上——乐于帮助和照料孤寡老人。随着年龄的增长，韩余娟逐步从父亲手中接过了服侍傅奶奶的重担。每天放学后，韩余娟便帮傅奶奶背柴、担水、洗衣、做饭。有时怕傅奶奶寂寞，她就跟傅奶奶说说话，讲讲学校的事情，晚上还跟傅奶奶睡在一起。为了逗傅奶奶开心，她还给傅奶奶唱歌：

党爱我，
我爱她，
我们从小就听党的话。
党的温暖像太阳，
党的关怀像妈妈。
啦啦啦啦啦，
啦啦啦啦啦，
我就是党的一朵小红花。

傅奶奶每次听了都笑得合不拢嘴，夸韩余娟歌唱得好听。傅奶奶年纪大了，筋骨不活络了，韩余娟就经常帮她捶背搓腿。

有一天，学校放假了，韩余娟唱着歌，一蹦一跳地来到傅奶奶家。刚一进门，她就闻到一股难闻的气味，于是急忙跑到傅奶奶跟前，一看，原来傅奶奶行动不便，刚才大小便失禁了。

韩余娟心里难受极了，没有亲人在身边的傅奶奶多可怜呀！

韩余娟急忙找来盆、毛巾，倒上热水，给傅奶奶擦洗身子。为了将傅奶奶的身子擦干净，她将傅奶奶的腿放在自己的肩上，然后小心地擦洗。看着韩余娟不怕脏、不怕累地给自己擦身子，傅奶奶感动得热泪盈眶。

还有一次，邻居看见韩余娟在池塘边帮傅奶奶洗衣服，不禁好奇地问道："韩余娟呀，傅奶奶是你的亲戚吗？你对她可真好呀！"

韩余娟挥一挥衣袖，擦了一下脸上的汗水，面带微笑地回答道："她不是我的亲戚，可是我们的关系比亲戚还亲呢。"

"既然不是亲戚，那你还这样照顾她，有什么好处吗？"邻居继续问道。

"我照顾傅奶奶是因为她无依无靠。我不求什么好处，只希望傅奶奶能安度晚年。"韩余娟一本正经地说。

看着韩余娟洗得那么认真，邻居的脸红了。

1983年夏，一场罕见的大暴雨袭击了韩余娟的家乡。狂风裹着暴雨五天五夜没有停歇。地势低洼的塘湖乡处在一片汪洋之中。傅奶奶家的房子由于年久失修，禁不住倾盆大雨的浸泡，倒塌了。当时村里干部将傅奶奶临时安排到村前的集体仓库里住。韩余娟怕傅奶奶寂寞，就来仓库陪伴她。

8月14日深夜，气候骤变，乌云翻滚，狂风嘶鸣。韩余娟被一阵阵奇怪的声音惊醒了。她起来点着灯，往上一看，只见屋上水泥檩条已经断裂，正在"咯吱咯吱"地往下弯，整个房顶摇晃着往下塌。那根断裂下沉的檩条正对着她们呢！跑是来得及的，可傅奶奶怎么办？就在这生死攸关的一瞬间，"傅奶奶！快……"韩余娟大喊一声，用尽全身力气，将刚刚站起来的傅奶奶向门口推去。时间没有允许韩余娟收回手脚，"轰"的一声，大仓库的房顶砸了下来。老人得救了，韩余娟自己却被水泥檩条砸中，倒在了血泊之中。

一声巨响惊动了村里的人们，大伙纷纷赶来。乡亲们以最快的速度清除杂物，全力救出韩余娟，只见她的小腹被那根断裂的檩条压了一个洞，右手被截掉两根指头，右大腿上被撕下的巴掌大的一块肉耷拉着，全身血肉模糊。闻讯赶来的韩余娟父母见到此景，痛哭失声，乡亲们也都个个泣不成声。村民们迅速将水泥檩条从韩余娟身上抬了起来，连夜将她送往附近的卫生院抢救。傅奶奶让人背着她到医院哭泣着求医生："是娟子推了我一把啊！娟子是为我才被砸伤的……要不是娟子，俺这把老骨头早就被砸死了。你们一定要救活她呀！她不能死，她还小呀！"在场的医生尽全力抢救，但由于条件有限，乡卫生院做了急救处理，就连夜将韩余娟送到县医院。

8 月 15 日凌晨 2 点，县医院组织专家给韩余娟做了清创缝合手术。韩余娟连续三天都处于昏迷状态，第四天，她从昏迷中醒来，微睁双眼，嘴唇颤动着问："傅奶奶怎么样了……"守在身旁的妈妈含着泪告诉她："娟子，你放心，傅奶奶没伤着，不碍事。"韩余娟听后嘴角动了动，掠过一丝宽慰的笑意，不一会儿她又昏过去了。

9 月 2 日，韩余娟已奄奄一息。妈妈抓住女儿的手泣不成声地说："我的好孩子，你要什么、吃什么只管说，妈给你买、给你做。"韩余娟用微弱的声音说："妈，不哭，俺不会死。我什么都不想要，只想要一朵小红花。"

不久，这个舍己救人的小英雄头戴着小红花、嘴角露着微笑辞别了亲人，永远离开了人世。

韩余娟，多么好的一个女孩呀，却仅仅活了 12 岁。

12 岁正是充满梦想和欢乐的年龄，小英雄韩余娟却在这样的金色年华里，助人为乐、舍己救人，做出了令人钦佩的壮举，用坚实的脚步走完了她的人生旅程。她生前最喜欢唱的歌就是《小红花》，她留下的遗物只有一本《新华字典》、一个文具盒、一个小书包和两张"三好学生"证书，但她的精神是永存的。

韩余娟牺牲后，为了表彰她的英雄事迹和崇高精神，激励千千万万少先队员向她学习，父老乡亲含着泪水在小英雄牺牲的地方建造了"韩余娟陵园"，各级团委相继授予她"优秀少先队员""三好学生标兵""英雄少年"和"舍己救人小英雄"等光荣称号。中华人民共和国民政部追认韩余娟为革命烈士。

韩余娟在她短暂的金色年华里谱写了一曲奉献之歌。她的英雄事迹催人奋进、感人至深，永远激励、鼓舞着成千上万的少年儿童茁壮成长。在小英雄牺牲的地方，在江苏其他城市，在全国各地，学习小英雄的热潮蓬勃兴起，一个个以“韩余娟”命名的“韩余娟学习小组”“韩余娟中队”如雨后春笋破土而出。一朵永不凋谢的小红花引来万花开！

参考文献

1. 共青团中央少先队工作委员会，四川少年儿童出版社. 中国现代少年英雄传：韩余娟、孙玉芳、努尔古丽［M］. 成都：四川少年儿童出版社，1985.
2. 共青团江苏省委员会. 舍己为人小英雄韩余娟［M］. 南京：江苏少年儿童出版社，1984.

45. 龙梅、玉荣

勇斗风雪护羊群，“草原英雄小姐妹”

龙梅、玉荣，是内蒙古大草原上的一对小姐妹。龙梅出生于1952年，玉荣出生于1955年。1964年2月9日至2月10日，姐妹俩为了保护集体的羊群，冒着刺骨的严寒和呼啸的强风与暴风雪搏斗了一天一夜。后获得“草原英雄小姐妹”称号，成为全国青少年学习的榜样。

龙梅和玉荣是内蒙古牧民吴添喜的两个女儿。1964年2月9日上午，姐姐龙梅和妹妹玉荣代替为邻居粉刷房屋而暂时抽不开身的父亲去放队里的羊群。

姐妹俩为了让羊群吃到新鲜的牧草，向远处的山坡走去。可是羊群刚翻过山坡，天气就突变，西北风刮起漫天飞舞的雪花。羊群受到了惊吓，一个劲儿地顺着风逃窜。这时如果姐妹俩奔回家里请求爸爸的帮助，也许能逃过一劫，可是她们俩心里只想着：“这是集体的羊群，一定要追回来，一只都不能丢！”为了不损失一只集体的羊，姐妹俩踏着雪、跟着羊群费力地奔跑着，一前一后奋力地拦挡，守护着羊群。就这样，她们越跑越远，渐渐消失在无边无际的雪海之中。

过了几个时辰，夜幕降临了，此时气温已经下降到了-37 ℃。姐妹俩为了不让羊群走散，决定深夜就睡在野外，跟羊群待在一起。此时，姐姐龙梅发现一只掉队的母羊已经奄奄一息，快要被冻死了。她想起父亲说过的：“就算羊死了也要交到公社去。羊是集体的财产。”于是姐妹俩费力地把母羊拖到了一个高坡上，准备回来的时候再带走。

经过长时间费力的奔跑，姐妹俩累坏了。终于，精疲力竭的姐妹俩跌倒在雪地里，困乏地睡着了。深夜时分，龙梅被冻醒，睁开眼睛一看，妹妹和羊群都不见了！她急坏了，一边寻找，一边大声地叫喊妹妹的名字。跑了好一会儿，龙梅才找到妹妹和羊群。为了不至于再次走散，姐妹俩紧紧地挨在一起并肩走着。经过了一天一夜，两个小姐妹已经走过了30多公里路！

第二天拂晓，龙梅被火车的汽笛声惊醒，忙叫醒身边的妹妹，这时龙梅发现妹妹玉荣左脚上穿的毡靴已经不见了，妹妹光着脚丫插在雪里，脚丫已经冻成了冰疙瘩！龙梅心疼地正要脱下自己的毡靴给玉荣穿上，玉荣却颤抖着催促姐姐："我没事。羊群又走散了，你快去追吧！"龙梅只好费力地爬起来，把妹妹安顿在小山坡避风的地方，继续跌跌撞撞地往前跑去。

大约上午10点左右，恰好横穿过铁路的当地牧民哈斯朝禄父子远远望见铁路西边的一道浅沟里有一群羊，就忙奔跑过去。他们仔细看了羊群，发现不是自己队里的羊群，确认是其他大队的，于是顶着风努力把羊群往回赶，打算先把羊群存放在公社，然后再由哈斯朝禄骑骆驼把羊群送回所在大队。这时，哈斯朝禄忽然发现羊群里有两只已经死掉并冻得僵硬的公羊，于是他让儿子看着羊群，自己亲自扛着一只死公羊来到车站的扳道房里，把死公羊先寄存起来。正当他回去准备扛另一只死羊的时候，发现了跟在羊群后面费力奔跑的小龙梅。只见小龙梅的脸被冻得又肿又红，皮袄的襟子上的纽扣已经脱落，毡靴里填满了雪水融化后冻成的冰。

哈斯朝禄心疼地上前问道："你是谁家的闺女呀。这是你的羊群吗？"

龙梅说："我叫龙梅。这是咱们大队的羊群。我妹妹在西北方向的山谷里等我，她没了毡靴。快救救她吧！"

在哈斯朝禄的帮助和及时通知下，草原上的牧民们立刻行动起来，到处寻找玉荣。不久，人们发现了趴在雪地里一处小山坡下的玉荣。她的下半身已经被积雪完全盖住了。

2月10日下午，姐妹俩都被送去了附近的医院进行抢救治疗。当地的矿区党委书记、区长和医院院长都来到她们身边。姐妹俩在矿区人民和领导的帮助下，最终保住了性命。

龙梅一醒来，立即关切地问身边的人：“羊怎么样了？”

党委书记忙回答道：“羊没事，你安心休息吧！”

在场的人都被姐妹俩的精神深深地感动了。

姐妹俩最终保住了性命。可是由于冻伤严重，龙梅的左脚拇指被截去。妹妹玉荣双脚部位已经冻入骨髓。她住院一周以后，由于伤势严重，医生不得不对她的右腿膝关节以下部分和左腿脚踝以下部分做了截肢手术。

羊群被赶回了大队。经过点数，384只羊，仅仅死了3只，其余安然无恙。

1964年3月12日，新华社播报了一则通稿——《暴风雪中一昼夜》，详细地记录了龙梅和玉荣在一天一夜之中勇斗暴风雪，保护羊群的感人事迹。这则通稿还被《人民日报》等许多报纸和广播刊播。转眼之间，姐妹俩的事迹在全国引起强烈反响。大家都为她们的行为感动落泪。1966年，内蒙古自治区委授予姐妹俩“草原英雄小姐妹”光荣称号。

后来，姐妹俩在家乡筹建了爱国主义教育基地，以更好地教育下一代。

龙梅和玉荣这对姐妹不仅是草原人民的骄傲，也是中华民族的骄傲。

参考文献

1. 徐恒进. 龙梅和玉荣［M］. 刘大为，绘. 北京：人民美术出版社，1982.

2. 周舒予. 最美中国人：感动中国的道德榜样人物［M］. 青岛：青岛出版社，2013.

46. 赣东北苏区共产儿童团

智勇双全红少年，争当红军小助手

赣东北苏区共产儿童团，活跃于1927年大革命失败以后至1936年的土地革命战争时期。他们在党的领导之下，站岗放哨，宣传扩大红军队伍，展开拥军优属活动，推动妇女解放，为革命的胜利做了大量工作，成了红军的小助手。

轰轰烈烈的大革命失败以后，赣东北地区的革命力量受到了很大的摧残。地主、豪绅等国内反革命势力趁机对革命群众进行残酷的报复，党团组织因此转入地下进行秘密活动。

1927年11月，方志敏同志受党的委托，发动和领导了弋阳一带的农民武装起义，创建了赣东北工农红军和赣东北革命根据地，建立了赣东北苏维埃政府。有了党的领导，根据地的革命如火如荼地开展起来。为了巩固苏维埃政权、粉碎敌人的疯狂“围剿”，苏区人民响应党领导的苏维埃政府的号召，为保卫和建设苏区进行了英勇的斗争。苏区的广大儿童也不例外，都积极地组织起来，参加党领导的革命斗争。

当时，根据少年共产国际执行委员会的决议和国际儿童局的指示精神，共青团中央在五届三中全会后的1930年12月做出《儿童运动决议》（草案），确定儿童运动的性质是“共产主义儿童运动”，规定在苏区的儿童组织可以统一名称为“共产儿童团”。在苏区，广大儿童都积极参加了共产儿童团。共产儿童团的口号是“准备着，时时刻刻准备着”，团礼是五指并拢、高举过头，表示革命利益高于一切。共产儿童团的组织按村设小队，按乡设中队，按区设总队。共产儿童团团员们的年龄多在 7 至 14 岁，虽然年纪不大，但他们在那个特殊的战争年代旦为革命做的工作可不少。

共产儿童团最重要的工作就是站岗放哨。每一个团员在站岗放哨时都睁大了眼睛，不让一个敌人溜进来。

狡猾的敌人经常化装到苏区刺探情况。为了严防敌人来苏区搞破坏，每当遇到可疑的路人，共产儿童团团员都会仔细盘查，不给敌人可乘之机。

有一天，弋阳北乡大豪绅黄宗派出 7 个人到苏区搞反革命破坏活动。当时 12 岁的共产儿童团团员郑子辉正在站岗放哨，发现他们有点可疑，就马上去向乡赤卫队报告。乡赤卫队立即派人追查这几个可疑人物，并在共产儿童团团员的配合下，很快抓到了几个潜伏破坏的反革命分子。于是此后，敌人看到有共产儿童团团员站岗时，就设法躲开。

为了更巧妙地抓获敌人，共产儿童团团员们也经常改换站岗放哨的地点。山顶上、小溪边、村口边……到处都有他们的踪影。他们在站岗放哨的地方做游戏，谁也不知道他们是放哨的。等路人到了跟前，他们才喊一声“站住”，一起围上去仔细检查。这样，来人要是敌人的侦探，就怎么也走不脱了。

共产儿童团团员们的年龄虽然不大，但他们站岗放哨一点也不马虎。不管是谁，没有路条都不能通过。当时，在共产儿童团团员中流行着这样一首歌：

站岗同志要认真，
要把路条查分明，
不怕军官（首长）此路过，
父母相见无私情！

1931 年，正当春暖花开之时，方志敏带着警卫员正好路过弋阳西坑村。由于 1930 年年底时，这个地方的红军都离开了，共产儿童团就担负起了全村的安全保卫工作。当方志敏等人走到村口时，几个手握红缨枪的共产儿童团团员围住了他们。等方志敏走近了，共产儿童团团员们一下子用红缨枪指着方志敏，说："干什么的？有路条吗？"

"没有路条怎么办？"警卫员问。

一个共产儿童团团员说："方主席说过，没有路条就不能通过。"

警卫员指着方志敏说道："你们不知道？他就是方主席呀！"

警觉的共产儿童团团员们由于从未见过方志敏，还是不相信，硬要拉他们到乡苏维埃政府去。直到见着了乡里的干部，他们才知道果真是方志敏。共产儿童团团员们此时心里既激动，又为刚才的不礼貌感到惭愧。没想到方志敏却哈哈大笑，当众表扬了他们："你们很负责，真是好样的。"孩子们这才放下心来，解开了心里的结。方志敏对小团员们说："看你们这么认真负责，那今天的党员会议就在你们村召开吧。"共产儿童团团员们一听说方主席要在村里开会，都非常高兴。

回到村里后，方志敏亲自召集共产儿童团召开了一个小小的团员会议。共产儿童团团员们都非常仔细地听，生怕漏了半句。在开会的同时，他们并没有放松警惕。他们分成了四个小队，轮流在村前、村后站岗、查哨，一发现情况就马上报告。

到了晚上，乡村干部吃过晚饭后，都赶忙赶往会场。人到齐后，方志敏就宣布会议开始。虽然开会的地点是在一个只有一点灯光的小茅屋里，但屋子里早就被堵得严严实实。不一会儿，有共产儿童团团员进来报告："有个黑影从村子里窜出去了。"方志敏听到后向他点点头，叫他回去继续巡查，发现情况后再回来报告。

当会议开到一半的时候，第三小队的队员又气喘吁吁地跑进来说："有一伙黑影子，划船往这边来了。"紧接着，第一小队的一个队员跑进来上气不接下气地大声说："报告主席，有好几艘渔船正往村子这边驶来。"

"方主席，赶快离开吧，我们负责掩护。敌人来了搜查不到也没办法。"共产儿童团团长焦急地说。方志敏看着孩子们惊慌的表情，镇定地说："孩子们，不用怕，我们自己也能打败敌人。"

孩子们都惊讶起来："那些人可都是拿着枪的啊。我们又没有武器，怎么打呢？”

方志敏在小团长的耳边小声说：“我们有土机关枪啊！”

“啥？！我们有机关枪？哪有啊！”小团长惊得一叫。

方志敏接着说：“谁家还有过年没放完的鞭炮啊？今天咱们就用土机关枪把敌人给打下去！”经过方志敏一番解释，大家才明白原来这个“土机关枪”就是在煤油箱子里放鞭炮，响声几乎和机关枪声一模一样。

在方志敏的亲自指挥下，共产儿童团英勇地击退了敌人的这次进攻。类似的战功，共产儿童团团员们立下了不止一件。

除了站岗放哨外，共产儿童团团员们还在家乡积极支持和动员乡亲们参加红军，打击敌人，保卫苏区。他们曾经编了这样一首在赣东北苏区较为流行的共产儿童团儿歌：

哎哟哩！
红军哥哥最光荣，
劳苦工农都钦佩，
法令优待十八条。
同志哥！
家中田地有人耕！

共产儿童团团员们不仅这样唱，实际上也是这样做的。每到农忙的时候，有的家中因为有人参加了红军，缺乏劳动力，共产儿童团团员们就去帮助军属插秧、割稻、挑水、砍柴。

共产儿童团团员们还热情慰劳红军，积极发挥革命少儿组织的作用。当红军路过当地的时候，共产儿童团团员们就排队在路旁热烈地呼喊：“欢迎哥哥、叔叔当红军！”当红军在村里休息的时候，他们还会给红军送去茶水、稀饭、蛋糕和水果，并主动地为红军扫地铺席、安置床铺，让疲劳的红军得到充足的休息。有时候，共产儿童团团员们还到红军驻地和红军联欢；写信给前方的红军，鼓励他们英勇杀敌；鼓励母亲、姐姐、嫂嫂做鞋子慰劳红军。

那时，中国的妇女尤其是农村妇女大多保持着封建社会缠足的陋习。缠足不仅有害于妇女健康，而且妨碍妇女参加生产劳动。共产儿童团团员们就到处宣讲放足的好处，还唱《放足歌》给妇女们听，鼓励妇女放足剪发，解放自己。他们还积极宣传男女平等的思想，支持女孩子上学堂，推动了当时妇女解放运动的进一步发展，促进了广大妇女积极投入革命斗争中。

共产儿童团团员们除了搞好站岗放哨、动员家人参军、慰劳红军等工作外，为了做好革命的准备工作，许多团员还到列宁小学学习文化知识和学唱革命歌曲，积极加入演讲队和新剧团。每逢儿童节和革命纪念日，共产儿童团都要举行政治测验、识字测验、操练和野外演习及唱歌、演戏等活动，通过开展各种形式的文艺活动和比赛，宣传革命思想，保卫革命成果。

在党的领导之下，赣东北苏区的共产儿童团在革命斗争中发挥了积极的作用，成了红军的小助手。他们英勇斗争的精神永远鼓舞着我们不断前进！

参考文献

1. 方志纯，缪敏. 赣东北红区的斗争：第一集［M］. 中共弋阳县委宣传部，整理. 南昌：江西人民出版社，1977.
2. 姜风，李军. 红色少年的故事［M］. 上海：上海人民美术出版社，2006.

47. 红军少年先锋队

披肝沥胆小神兵，机智勇敢旋风队

红军少年先锋队，是由刘志丹领导的游击队里的一个娃娃班发展而来的。他们在党的领导下，跟随红军打土豪、分粮食、闹革命，用鲜血和生命谱写了一曲曲动人的青春之歌，创造了一系列可歌可泣的英雄事迹。

1931年冬，在一个大雪纷飞的日子里，刘志丹带领着一支红军游击队在桥山中行进。正当队伍走下一座山时，突然，刘志丹发现雪地里躺着两个孩子。他急忙跑过去，轻轻地摸了摸他们俩，又趴在一个孩子的胸口仔细听了听，便向后招手说："还有救。同志们，快来救人！"说着，他脱下身上的大衣，把一个冻僵了的孩子暖在怀里。

经过刘志丹和游击队员们的抢救，两个孩子逐渐苏醒了。这时刘志丹来到他们跟前询问了一些情况，这才知道：稍胖点的少年叫王有福，15岁，是地主家的小羊倌；而瘦小一点的少年名叫赵玉杰，是个小乞丐。他们俩因受不了地主的压榨，凭着半张革命的传单，到山里来找游击队。由于山路难行，加上饥寒交迫，他们晕倒在雪地里，幸好碰到了红军游击队路过，不然就要被冻死了。

从此，王有福和赵玉杰就跟着红军游击队活动。后来，红军游击队又收留了十几个穷孩子。他们大多十三四岁年纪，最小的小柱子只有11岁。他们有的是地主家的小猪倌，有的是无家可归的孤儿，还有的是红军战士的子弟。他们都想参加红军游击队，都想跟着队伍打土豪、斗地主，铲除万恶的旧社会。刘志丹、谢子长等人见他们年纪小、体力差，加上游击队经常行军、生活苦，就劝他们回去。但这些孩子就不听，一定要当游击队员。

这天，游击队整顿队伍准备出发时，后面突然传来一声“立正”的口令。王有福和其他孩子端端正正地站在队伍的尾部。他们双脚并拢，胸脯挺起，神气十足地注视着前方。这些孩子是铁了心要跟部队走了。

刘志丹觉得这些孩子都能吃苦、胆子大，而且非常机灵，为了让他们尽快地成长起来，就和谢子长商量，把他们组成一个娃娃班。

第二天，娃娃班正式成立了，王有福任班长。游击队还给娃娃班配备了小马枪、梭镖、小木枪等武器。为了更好地对这些孩子进行训练和管理，游击队总指挥部还派来了一个老战士给他们当指导员。指导员每天领着娃娃班操练，让这些孩子努力学习各种作战本领，还教他们唱歌，给他们说革命小故事，很受孩子们爱戴。

有一天晚上，刘志丹领导的游击队驻扎在艾蒿洼，娃娃班则住在离村不远的小窑洞里。晚上孩子们睡得正香的时候，突然一阵枪响把他们吵醒了。王有福一骨碌爬起来，并叫醒小伙伴们，竖起耳朵仔细听远方传来的枪声。枪声好像是从村里传来的，于是大家立即拿起小马枪、梭镖、小木枪、手榴弹等武器，赶忙跑出村，来到高高的石崖上边，发现在崖下不远处的村里，硝烟弥漫，一大群黑压压的敌人正在机枪的掩护下，向村子里进攻。

“班长，游击队的处境十分危险，我们怎么办?”一个孩子焦急地问道。

王有福冷静地看了看周围的地势，忽然发现石崖下边的小沟渠里住着一群敌人。原来这是陕北有名的大土豪张廷之的队伍。王有福立刻命令：“狠狠地打!”接着，子弹、手榴弹、石头块向敌人飞了过去。崖下的敌人全无防备，倒的倒，逃的逃，首尾不能相顾，马上乱成一团。

这时，村子里被围困的游击队趁机冲了下来，把慌乱之中的敌人打跑了。

看着游击队转败为胜，这些孩子松了一口气。如果不是娃娃班的支援，被围困在村子里的游击队还真的很难突围出来。战斗结束后，游击队员们都夸奖孩子们机智勇敢，人小志气大！

1932 年 2 月 22 日，中国工农红军陕甘游击支队授旗大会在甘肃省正宁县举行。会上，游击队总指挥谢子长宣布娃娃班改名为“红军少年先锋队”。刘志丹把一面绣着“中国工农红军陕甘游击支队少年先锋队”的旗帜授给了少年先锋队队长王有福。

红军少年先锋队成立后，队员们跟随游击队打土豪、分粮食、宣传革命，还打过几次胜仗。他们渐渐地都成了英勇善战又会做群众工作的优秀战士。

有一次，敌人集结了大股兵力向游击队猛扑过来。为了避免和实力强大的敌人硬碰硬，少年先锋队按照刘志丹的命令撤退隐蔽。他们跑了 50 多公里，又饥又渴，疲惫不堪。天色渐暗，王有福带领少先队员们到村子里孙老汉的家中休息。大家一坐下，就东倒西歪地“呼噜呼噜”打起鼾来。突然，村里的哨兵气喘吁吁地跑来报告：“敌人包围了村庄！”王有福一跃而起，急忙叫醒队员们，准备突围。

这时敌人已经封锁了孙老汉的家，他们用机关枪向土窑里扫射。少先队员们扔出几颗手榴弹，把敌人炸死了一大片，打退了敌人的第一次进攻。

不一会儿，凶狠的敌人从烟囱里扔进了几颗手榴弹，把土炕炸塌了。如果烟囱被炸掉，那可就麻烦了。这时，孙老汉抱来一大卷羊毛毯挡住破烟囱，说：“快，往毯上浇水培土。”队员们找来工具，帮孙老汉保住了这个烟囱。

敌人一看烟囱炸不掉，又往门里冲锋。但队员们一次又一次地阻止了敌人的进攻。可是，队员们的子弹、手榴弹快用完了。他们正准备要和敌人拼死一搏，孙老汉拉住王有福的手说：“不行啊，孩子，那么多敌人，你们一伙娃娃，怎么冲得出去？我想起一条路。中窑下边有个地窨子。地窨子里边有一条长地道，直通后沟。你们从这里出去。”说着，老人揭开了地窨子口。王有福领着少先队员们钻进地窨子，离开了被敌人围困的村子。

敌人随后便冲了进来，抓住孙老汉质问道：“刚才那些娃娃都跑到哪里去了？”

孙老汉眼珠一转，说：“我亲眼看见你们正打得起劲的时候，突然窑洞里刮起一阵旋风，之后满窑的娃娃都不见了！”

“什么旋风？不要在这里胡说八道。”敌人不相信。

“那是神兵呀，怎么抓得着？你们没有人听说‘先锋队，是旋风，来无影，去无踪’吗？”敌人被说得一愣一愣的，但他们在孙老汉的屋子里什么都没有找到，只好撤了回去。从此以后，红军少年先锋队便被称为“旋风队”，被说成“神兵”了。

1935 年 10 月，中央红军长征到达陕北。陕北的红十五军团（包括红二十五军、红二十六军、红二十七军）配合中央红军在直罗镇打了个大胜仗。在这次战役中，红军少年先锋队立了奇功，可是，有 12 名少先队员落入了敌人的魔爪。

敌人把这 12 位小战士押送到师部审问。一个敌军军官提着明晃晃的马刀，指着小柱子问：“你叫什么名字？”

小柱子理直气壮地说：“我叫红军战士，我叫少先队员！”

敌军军官又追问：“包围我们的红军有多少？快说！”

“我是红军宣传员，打起竹板才能说。你给我竹板。”小柱子说。

敌军军官没有竹板，只好答应自己用刺刀敲枪筒。

小柱子说：

猫头鹰眼，
先别转，
包围你的红军你看不见，
满西北、遍江南，
人数好有几万万。
…………

敌军军官气得发了疯，命令士兵在隔壁房间准备好刑具。小柱子临危不惧，继续说着，其他 11 名少先队员一齐和着他的调子：

同志们，别难受，
红彤彤的太阳在前头。
站好队，齐步走，
我们少年先锋队，
不怕活埋，不怕杀头，
永远跟着共产党，
向前走呵，向前走！
…………

小柱子的快板还没说完，敌人就割去了他的舌头，可是，小柱子还在唱。

12 位少先队员在敌人的威逼利诱下没有一个人投降、变节，没有一个人向敌人透露游击队的机密。最终他们被敌人凶残地杀害了。人们把他们称为“十二位小英雄”。

抗日战争全面爆发后，英勇的红军少年先锋队高举红旗，雄赳赳、气昂昂地奔赴抗日战场，接受新的战斗考验。

参考文献

1. 中共陕西省委党史研究室，中共延安地委党史研究室. 刘志丹［M］. 西安：陕西人民出版社，1993.
2. 刘杰诚. 刘志丹少先队［M］. 北京：中国少年儿童出版社，1962.

48. 少年铁血队

白山黑水勇少年，纵横驰骋铁血队

少年铁血队，英勇地活跃在抗日战争的最前线，完成了许多艰难的任务，为中国的抗日事业做出了许多的贡献，创造了可歌可泣的光荣事迹。这支队伍是由杨靖宇将军亲手组建的。

1931年9月18日，日本制造了侵略中国的“九一八”事变，进而进攻东三省。驻守东北的东北军执行了蒋介石的“不抵抗命令”，任日本侵略军在不到4个月的时间内占领了中国的东三省。

虽然东三省在中国东北军停止抵抗的情况下被日军占领了，但是其间不愿撤走的东北军、东北人民和中共领导的抗日义勇军在抵抗日军侵略的过程中发挥了重要的作用。在工人、农民、爱国知识分子等所有爱国人士组成的许多抗日武装力量中，以东北人民革命军最为有名。

1936年，在中共的领导下，东北人民革命军整编为东北抗日联军，由杨靖宇将军任总司令。在这支队伍中，有一支非常著名的以少年战士为主力的部队，被称为“少年铁血队”。这是在“三角抗区”众多抗日队伍中坚持时间最长、影响最大、陪伴杨靖宇将军到最后的一支队伍。

这支队伍里的孩子有的是父母被日军杀死的无家可归的孤儿，有的是地主家里的小羊倌、小猪倌，有的是抗日联军士兵的子弟，但是他们的共同点就是，对日本侵略者怀着深刻的仇恨。对侵略者的仇恨和保卫祖国的愿望把他们紧紧地团结在一起。

少年铁血队在刚组建的时候，队员中有很多是一些乳臭未干的小孩儿，最小的只有十一二岁。他们军容不整，有的甚至还拖着鼻涕。这样的队伍怎么能打仗呢？连杨靖宇将军派去的指导员王传盛一开始也皱起眉头看着这群小战士，心里面担心要如何领导他们进行战斗。可是杨靖宇将军对这群小战士充满了信心。他派人发给每个小战士一个包裹，里面装着一套军装、一条皮带、一个军用水壶和一把小马枪——和抗日联军正规部队战士的装备一样。小战士们收到之后都激动万分。

杨靖宇将军对这群孩子精心培养，除了对他们进行严格的军事训练之外，还教给他们政治理论和文化知识，以为将来的革命事业做准备。杨靖宇将军对他们爱护有加，把他们看成东北抗日联军未来的希望。这支少年铁血队的编制原本是为了保护杨靖宇将军，可是在行军过程中杨靖宇将军总让他们走在队伍的中间，以免把他们置于险境。

少年铁血队的孩子们最终没有辜负杨靖宇将军的期望，后来在抗日战争中发挥了无可替代的作用。

开始的时候，为了锻炼这些小战士，同时又避免让他们受到伤害，杨靖宇将军常常安排一些危险小、伤亡少、胜利希望大的任务给他们。少年铁血队取得的第一次战斗胜利是在1933年10月底桦甸市的里面沟战役中。

1933年10月30日，少年铁血队在磐石红石砬山附近遭到了日军的袭击。在甩掉这群敌人后，他们在里面沟与抗日义勇军独立师一团一同击毙日伪军10人，俘虏日伪军10人，缴枪38支，缴获牲口20匹。

1938年冬，为了打击敌人，抗日联军不得不走出秘密营地，与敌人正面周旋。但是由于东北的冬天特别寒冷，战斗条件非常艰苦。杨靖宇将军为了保存少年铁血队这支抗日的新生力量，就让他们转移到东北山区敌人力量较为薄弱的抚松县建立秘密营地，并暂时驻扎下来，以锻炼这群小战士的独立生存能力，帮助他们尽快成长。同时杨靖宇将军还派了一位姓毕的老游击队员作为少年铁血队的参谋，跟随指导小战士们。

到达抚松县山区之后，小战士们要做的第一件事就是搭建秘密营地。这是他们头一次自己搭营地。他们费了九牛二虎之力搭建了一个简易的营房，虽然比以前跟随部队时搭建的营房要小得多和简陋得多，但是小战士们非常激动地住了进去。这毕竟是他们头一次依靠自己的力量独立搭建的营房啊！

虽然少年铁血队的战士们年龄很小，但是他们非常机智勇敢。有一次，两个队员大愣和冬喜下山买必需品。过了很长时间，大愣一个人气喘吁吁地跑了回来。

队长问道："为什么这么慌张？"

大愣说："我们在山下遇到了日本的特务，被认出来了。冬喜被扣押了。他们叫我回来劝降！"

队员们顿时议论纷纷，这可怎么办啊。

有的队员说："打吧！让特务们尝尝我们的厉害！"

毕参谋说道："大家要冷静，不能打草惊蛇。"

于是大家商量了一下，决定用计骗骗那些特务。

他们叫大愣下山告诉那些特务，说山上几乎全是伤员、病员，缺乏药品和食物，已经支撑不下去了，愿意投降，想以此诱特务上山，趁机击毙。

那几个特务由于向日本人邀功心切，又看到队员们只是小孩子，于是信以为真，上山来了。他们刚进入少年铁血队的包围圈，还没明白怎么回事，就被少年铁血队缴械了。

这次伏击战打得很漂亮，及时地为少年铁血队解了围。

后来，敌人发现了少年铁血队的踪迹，决定上山搜查。少年铁血队不得不离开营地，转移到其他地方。由于当时正值冬天，地上堆积了厚厚的白雪，战士们的脚印会引起敌人的注意，敌人肯定会顺着脚印追上他们的！

为了引开敌人，队长想出了一个好办法，他说："我们都把鞋子倒着穿，这样往前走时脚印看起来就像是往后走的，往东走时脚印看起来就像是往西走的。"队员们觉得这是一个好办法，于是大家都把鞋子倒过来牢牢地绑在脚上往山上走去。通过这种办法，少年铁血队骗过了狡猾的敌人。在行军过程中，有些队员的脚被磨肿、磨破了，可是他们不喊痛、不喊累，成功地把敌人甩在了身后。

虽然少年铁血队的小战士们每人都配备有小马枪，但是他们看到其他的作战部队有机关枪，自己的部队却没有，就一直想要一挺自己的机关枪。他们都觉得，一支真正要杀敌的部队，不配备机关枪怎么行呢？

考虑到孩子们还不成熟，没有经受过许多战役的锤炼，杨靖宇将军对孩子们说："机关枪一定会有的，但是现在你们的主要任务就是学习军事和文化知识，增强杀敌的本领。将来需要的时候，我一定发给你们，好不好？"孩子们都齐声赞同。

1939 年春，在杨靖宇将军的安排下，少年铁血队的小战士们独自打了一场仗，成功地占领了木绮河的伪警察署，缴获了许多枪械和弹药，其中有不少机关枪。

战斗结束以后，杨靖宇将军好好地表扬了少年铁血队的孩子们一番。他说："这次战役打得非常漂亮。你们确实成长了不少！"作为奖励和鼓励，他亲自给小战士们每人发了一挺轻机枪，满足了孩子们长久以来的愿望。少年铁血队的孩子们特别地开心和激动。指导员王传圣还领着大家一起唱起了由杨靖宇将军亲自创作的军歌：

我们是东北抗日联合军，
创造出联合军的第一路军，
乒乓的冲锋杀敌缴械声，
那就是革命胜利的铁证！
…………

在杨靖宇将军的指导下，在一次次战役的磨炼中，少年铁血队的小战士们渐渐地成长起来，成为一股不容小觑的战斗力量，在抗日战争中发挥了不小的作用。

1939 年冬，日军对东北地区的抗日武装力量进行疯狂反攻。抗日联军的斗争条件变得异常艰苦：饥饿、寒冷、伤病……战斗打得非常艰难，许多战士都牺牲了。由于部队大量减员，为了避开敌人的反击，抗日联军不得不分散行动，化整为零。虽然东北抗日联军解散了，杨靖宇将军也牺牲了，但是许多战士仍在艰苦的环境中，在长白山茫茫林海中与敌人进行不懈的斗争，直至 1945 年抗日战争取得最后胜利。

一些少年铁血队的战士在中华人民共和国成立后的社会主义建设过程中仍旧发挥着作用，为祖国的事业贡献着自己的力量。

我们永远不会忘记这些为祖国贡献了自己一生的英雄们。

参考文献

1. 木青. 少年铁血队员［M］. 福州：福建人民出版社，1982.

2. 中国少年报社. 少年铁血队［M］. 北京：知识出版社，2009.

49. 孩子剧团

真金不怕火来炼，抗战烽火展奇葩

孩子剧团，诞生于上海。他们积极宣传抗日救国，通过演唱抗日歌曲、表演抗日戏剧，动员和鼓舞广大少年儿童及人民群众参加抗日斗争。虽然受到国民党反动派发动的反共高潮的影响，但在周恩来、邓颖超等人的亲切关怀下，孩子剧团茁壮成长，影响力不断增大，为宣传抗日做出了积极的贡献。

1932年，上海沪东区临青路临青坊里有一所临青学校。这所学校受到共产党领导的社联的积极支持，每个学期保持有学生200多名。这些学生大部分是工人子弟，家境贫寒。学校的老师和校长大多是抗日救亡人士。除了给学生讲授文化知识外，老师们还经常给学生讲述抗日救国的道理。学校不仅成立了学生会，组织学生学习做游戏，还组成了孩子歌咏队，经常教学生演唱抗日歌曲，排演了《捉汉奸》等儿童剧。这些歌曲和话剧在上海演出过多次，产生了很大的影响。

1937年淞沪抗战爆发后，日本侵略者无恶不作，在我们祖国的土地上犯下了滔天罪行。敌占区人民的生活状况惨不忍睹。许多学生家破人亡，流离失所。在老师的帮助下，一部分无家可归的学生越过日军封锁线，来到法租界的难民收容所里。学生们饱尝家破人亡的痛苦，对日本侵略者和汉奸充满了仇恨。他们幼小的心灵里萌发了抗日救国的坚强信念。他们虽然栖身于难民收容所，但不甘心在那里吃闲饭。学生会主席和孩子歌咏队的队长及其他学生骨干等十余人自发地组成了一个团体。他们在难民收容所里办起了《大家看》壁报，教难童识字、唱歌，在难民中间宣传团结抗日的道理，还义务为难民写家信。

共产党对这些孩子的活动非常重视。党员吴新稼同志每天到难民收容所里给孩子们讲当前的抗战形势，帮他们排练抗日歌曲，又找来一批难童，排练了《火线上》《捉汉奸》《打回老家去》三个街头剧。排练好以后，他们决定为难民收容所里的苦难同胞们表演。演出非常成功，受到难民同胞们的热烈欢迎。许多难民看了，激动得流下了眼泪，一再赞扬孩子们演得好，并说这些戏演出了他们的心声。

初战胜利鼓舞了大家的斗志。于是，孩子们要求到所外去演出。吴新稼老师对孩子们说："如果到所外去演，剧团就应该有个名字呀!"有个孩子说："我们都是小孩子，就叫孩子剧团吧!"大家听了，一起鼓掌表示赞成。孩子剧团就这样诞生了。他们还创作了自己的团歌：

我们生长在苦难里，
我们成长在炮火下。
不怕没有先生，
不去留恋爹娘，
凭着我们自己，
努力学习努力干。
孩子们，站起来！
孩子们，站起来！
在这抗战的大时代，
创造出我们的新世界！

由于孩子们的活动太引人注意，不久，难民所编造出各种理由，拒绝继续收留这些孩子。在国难教育社和上海市文协的大力支持下，孩子们搬进了沪西的余日章小学，开始了他们的独立生活。但孩子们仍然坚持去街头、学校、工厂、医院演戏，宣传自己的抗日救亡主张。

有一次，他们在难民收容所演完几出抗日话剧以后，几个青年当场站起来，激动地说："看小弟弟、小妹妹们，父母被日本人杀害了，还要出来抗日，我们也要打日本人，不再流亡了！”

孩子剧团的影响越来越大。当周恩来代表党中央到南京和国民党谈判，听到地下党上海市委汇报孩子剧团的情况时，他异常兴奋地说：“好哇，这些孩子的抗日精神体现了我们民族的希望！”他嘱咐上海地下党的同志，要好好地关心和帮助孩子剧团。

1937 年 11 月 12 日，国民党军队从东线撤退，日军包围了上海。由于日军、特务和汉奸在市里四处搜捕抗日人士，孩子剧团的处境十分危险。地下党组织经过研究，决定把孩子们带到内地去，继续宣传抗战。18 日，孩子剧团乘坐英轮离开上海，到天生港去集合。在途中，南通的群众和东北军都要求孩子剧团为他们演出。大家看了孩子们的精彩演出很感动，有一位中年的东北军官甚至冲上台去，把一个 8 岁的小演员抱在怀里，泪流满面地对下面的观众说：“谁无父母，谁无妻子儿女？看了这群受敌人欺负、无家可归的孩子，谁不难过啊！……敌人侵占了咱们的土地，欺负咱们的国民，为了不沦落为亡国奴，咱们要和他们拼了！”

“不当亡国奴！”“打倒日本帝国主义！”人群里爆发出一阵阵惊天动地的喊声。

就在孩子剧团演出的同时，长江南岸国民党军队节节败退，从南通到南京的江轮已经停航。孩子剧团只好改坐木船，由南通溯运盐河北上，取道泰州到达扬州。想不到到达扬州后，日军已进攻南京。他们只好徒步行军向北绕行，最后辗转到达武汉。由于旅途劳顿，到了武汉后，许多孩子都生病了。从上海带出的旅费用光了，他们的伙食也成了问题。

1938 年 1 月 10 日，有位慈祥的妈妈来到孩子剧团的住处。她微笑着对孩子们说：“我叫邓颖超。周恩来同志让我代表他和八路军办事处的同志们来看望大家！”孩子们都兴奋地把她围起来，亲热地叫她邓妈妈。邓妈妈抚摸着几个孩子的头，询问着他们一路上的情形。她还看望了生病的孩子，嘱咐他们好好养病。

过了几天，邓妈妈又来看望孩子们，还带来了 60 多元钱。她说：

"这是八路军办事处的同志们捐助给你们的。"当时，办事处的同志们生活也很艰苦，这些钱是他们从很少的零花钱中拿出来的。孩子们接过这些钱，感动得热泪盈眶。

2 月 8 日下午，周恩来派他的警卫员来接孩子剧团全体成员到八路军办事处去开欢迎会。大家心里乐开了花。

八路军办事处的墙上贴了许多欢迎的标语。在那里，孩子们见到了周恩来等同志，兴奋得不停鼓掌。周恩来问了剧团的状况和到武汉的经过，又要每个人讲了自己的经历。孩子们唱了孩子剧团团歌，又以莲花落的曲调唱了《流浪儿》："我们都是没家归的流浪儿……流落在街头没饭吃……敌人打去了我们的家……爸爸妈妈全被杀……"歌声打动了在场的每个人。

孩子们表演结束后，周恩来站起来，深情地望着大家说："在长期的革命斗争中，我看到过许多同志牺牲，可是没有像今天这样难过。那么多的孩子家破人亡，我们民族的灾难太深重了！……斯大林同志说过，青年是我们的未来，我们的希望。我想说，儿童是社会力量的一部分，是抗日斗争中一支小生力军，眼前的事实，证明了这一点。你们和我们队伍中的小战士不同。他们依靠了大集体的帮助，增长了自己的能力。你们是在人们瞧不起的环境中，依靠自己的团结，斗争出来的……我送你们'救国''革命''创造'三种精神。你们要一手打倒日本强盗，一手创造新中国！"

周恩来的亲切教诲像一盏明灯，照亮了孩子们漫长的人生道路，也给了他们斗争的勇气和生活的信心。

周恩来和党组织的关怀给了孩子剧团无穷无尽的力量。孩子剧团在汉口青年会举行公演，表演了《帮助咱们的游击队》《街头》等儿童剧，还到工厂、学校、保育院去演出，受到群众的热烈欢迎。有许多小朋友也来入团。孩子剧团的队伍一天天地壮大了，影响力也与日俱增。

1939 年春，孩子剧团来到重庆。他们在重庆举办完公演、儿童歌咏大会等活动之后，根据周恩来的指示，到中小城镇和农村去，给农民、工人演戏，向工农群众学习。当时，孩子剧团已发展到 60 多人，分成两个小队，用两年的时间，把川东、川南、川西、川北各县走了一遍，并留下一个小工作队，坚持重庆的工作。

1942 年以后，国民党对孩子剧团的镇压变本加厉。在这危急关头，周恩来遵照党在国民党统治区实行的“隐蔽精干，积蓄力量”政策，指示地下党组织帮助孩子剧团撤离。在地下党组织的帮助下，孩子剧团的骨干和大部分成员撤出了第三厅，有的被送到延安，有的被转移到其他爱国团体，有的被送进学校继续读书深造。孩子剧团就此解散了。

自成立以来，孩子剧团在国民党统治区活跃了 5 年，为抗日救亡运动做了大量宣传工作，贡献巨大，影响深远。他们的功绩将永存。

参考文献

1. 孩子剧团团史编辑组. 孩子剧团［M］. 成都：四川少年儿童出版社，1981.
2. 文天行. 周恩来与国统区抗战文艺［M］. 成都：四川省社会科学院出版社，1985.
3. 陈模. 战火中的童年：孩子剧团团员的故事［M］. 北京：同心出版社，1997.

50. 新安旅行团

中国儿童一面旗，中华民族小号手

新安旅行团，是中国共产党领导下的少年儿童文艺团体，1935 年成立于江苏淮安。该团在陶行知、周恩来等同志的支持与帮助下，运用多种艺术形式，跑遍全国的大江南北宣传“抗日救国”的主张，被誉为“中国少年儿童的一面旗帜”和“中华民族的小号手”。其贡献巨大，在中国历史上占有一席之地。

1931 年 9 月 18 日，日军炮轰沈阳城，制造了侵略中国的“九一八”事变。一时之间，中国的东三省处在日军铁蹄的践踏之下。可是，面对这种局势，蒋介石领导的国民党统治集团始终坚持“攘外必先安内”的“不抵抗政策”，在国内对共产党领导的抗日红军进行“围剿”。而中国共产党深知时局，在全国号召“停止内战，一致抗日”，要求蒋介石停止“剿共”，与全国人民团结起来，一致抵抗日本侵略者。

可是蒋介石始终坚持“不抵抗政策”，寄希望于国联的调停。在中华民族面临生死存亡的危急关头，全国各地掀起了抗日救亡运动的高潮。

1933 年秋，江苏省淮安县河下镇私立新安小学的 7 名学生自发组织了一个旅行团，到镇江、上海旅行了 50 天。在上海，他们亲眼见到日本兵、英国兵、法国兵在中国的地界上欺压中国人，外国巡捕随意抓捕和殴打中国人，有的公园门口竟然还挂着“华人与狗不得入内”这种故意侮辱中国人的牌子。他们来到工厂里参观，了解工人贫苦的生活状况。孩子们对外国侵略者到中国撒野、侮辱中国人的行为感到非常地愤慨，对中国广大人民处在外国侵略者铁蹄蹂躏下的现状感到痛心疾首。于是他们到各校去演讲，在报上发表文章，大力宣传抗日救国。

旅行团的行动得到了陶行知先生的支持。他不但高度赞扬了旅行团的精神和作用，还写了一首《题儿童旅行团》来表达自己对这些爱国学生的支持：

一群小光棍，点点有七根。
小的十二岁，大的未结婚。
没有父母带，先生也不在。
谁说小孩小，划分新时代！

陶行知先生认为，从前是一个人们瞧不起穷光蛋和小孩子的旧时代，而现在是一个穷光蛋和小孩子能够发挥重大作用的新时代！

儿童旅行团实践的成功使得新安小学校长汪达之开始思考一个问题：如今国难当头，学校教育要和国家、社会形势联系起来；学校应该再组织一个旅行团深入社会、深入百姓中间宣传抗日救国的主张，让学生们在抗日浪潮中接受考验和锻炼！他的想法得到了陶行知、吴耀宗、黄炎培等先生和一些党员同志的赞成和支持。他们答应会尽力帮助实现这个愿望。

1935 年 10 月，这个新的旅行团在新安小学成立了，名字叫作新安旅行团。

新安旅行团刚成立时，成员只有 14 人，连顾问校长汪达之在内共有 15 人。孩子们在汪达之的带领下，走向社会宣传抗日救亡的主张，实践着陶行知先生的“生活即教育，社会即学校”的新教育理论。

出发时，他们每人携带的只有一身单衣、一双草鞋、一把雨伞等简单的行装，全团只有 50 元钱和一套电影放映设备、几部黑白无声抗日影片及几十张抗日救亡歌曲唱片，而电影放映设备和大多数影片都是陶行知先生出钱捐赠的。

新安旅行团的第一站是南京。为了得到南京市市领导的支持，汪达之先是带领孩子们去拜访南京市市长马超俊。马超俊本来不愿意，在汪达之的多方恳求下才答应和孩子们见面。可是刚一见面，他就大声呵斥道："小孩子不在学校读书，出来瞎折腾什么！"

汪达之说道："马市长，现在国难当头，抗日救亡人人有责。我们遵从孙中山先生的遗嘱，唤醒民众共赴国难。"大家也随声附和道："国家兴亡，匹夫有责。现在救国比读书更重要！"

马超俊傲慢地说："救国是大人的事。你们懂什么！"随后不耐烦地说："我还有正事，你们马上给我回去！"说完就气冲冲地离开了。

马超俊的无理态度和威吓并没有吓倒新安旅行团的团员们，反而使他们更加看清了国民党高官的丑恶嘴脸，坚定了宣传抗日救国的决心。

1938 年夏，武汉保卫战打响了。为了支援武汉抗日，新安旅行团冒着危险连夜赶往战火连天的武汉。他们在街头表演秧歌、舞蹈、民间小调和相声等，还冒着被敌机轰炸的危险到部队和农村演出，去前线慰问抗日战士，一直坚持到武汉沦陷的前两天才撤离。

后来，陶行知先生作诗称赞他们道：

人从武汉散，
他在武汉干。
一群小好汉，
保卫大武汉！

1941 年 1 月，国民党反动派发动了皖南事变，国共关系瞬间恶化。国民党特务大肆搜捕进步人士和抗日群众，新安旅行团的顾问汪达之和总干事张平等人也被列入了黑名单。新安旅行团在国统区无法继续活动了。根据周恩来的指示，新安旅行团转移到共产党所在的苏北抗日根据地。

新安旅行团团员们一到苏北盐阜区，就受到了热烈欢迎，并多次受到刘少奇和陈毅的接见。刘少奇和陈毅一一询问他们的名字、年龄及学习情况，还帮助他们解决各种困难。

刘少奇政委说："你们是一个有着光荣历史的革命团体，在国内外有广泛的影响。国民党顽固派不准许你们演出，还迫害你们，而我们共产党不但欢迎、支持你们，还要发展你们。我们把根据地的儿童工作都交给你们去做。只要你们有能力，整个苏北，甚至全华中地区的少年儿童工作都交给你们去做！”

陈毅也说：“我提议，第一步先在苏北组织10万名儿童！”

从1942年开始，新安旅行团不仅在苏北进行大量的宣传、演出，还做了大量帮助少年儿童成长的工作。他们到各乡镇组织儿童团，培训儿童干部，当起了小老师，团员人数也增加到100多人。在他们的勤奋努力下，村村都建立了儿童团，区区都建立了团部，共组织了108 000多名团员。新安旅行团团员们超额完成了陈毅交给他们的任务。

1945年，抗日战争结束，解放战争却随即展开。新安旅行团接着参与解放战争。他们在各地宣传，号召民众组织儿童支援解放战争。

1946年，毛泽东在百忙之中还抽空写信给新安旅行团，勉励他们要努力工作，继续前进。

1952年，新安旅行团被并入华东人民艺术剧院。

新安旅行团自1935年10月建立以来，在烽火连天的岁月中宣传抗日救国主张，唤醒民众。他们的革命精神不断鼓励着一代代的青少年。他们被誉为“民族的小号手”和“中国少年儿童的一面旗帜”。

参考文献

1. 中国革命博物馆. 民族小号手：新安旅行团史料选［M］. 北京：春秋出版社，1989.

2. 崔士臣，等. 新安旅行团在苏北［M］. 南昌：二十一世纪出版社，1998.

3. 周毅，向明. 陶行知传［M］. 成都：四川教育出版社，2010.

Postcript

后记

这是一本旨在教育和激励广大青少年的红色读物。书中共收录了50个典型、感人的少年英雄事迹。这些人物中，有些是大家不太熟悉的，有些是耳熟能详的，但是，他们都有一个共同的特征：都是为了实现民族独立、人民解放和国家富强抛头颅、洒热血的少年英雄。我们今天和平幸福的生活是建立在他们的无私奉献基础之上的。为此，我们要铭记这些时代的英雄，并向他们学习，为国家、为民族贡献出自己的一份力量。无数的微光集合起来，就可以像太阳一样照耀全世界。

在写作过程中我们参考了一些文献资料，同时参照了一些同类读物，修正了一些细小错误。王玉贵、丁启清、刘鲲鹏、解晶等在写作过程中给予了无私帮助，在此我们一并表示感谢。

由于时间仓促，再加上作者水平有限，书中不足之处在所难免。恳请广大读者朋友批评、指正。